本著作获得安徽省质量工程项目(2020szsfkc1027)、安徽省教育科学研究项目（JK21129）、宿州学院第四批优秀学术技术骨干项目（2020XJGG15）资助

英语教学与教师职业素养研究

王盼盼 ◎ 著

吉林大学出版社

·长春·

图书在版编目（CIP）数据

英语教学与教师职业素养研究 / 王盼盼著 . -- 长春：吉林大学出版社 , 2022.9

ISBN 978-7-5768-0857-5

Ⅰ. ①英… Ⅱ. ①王… Ⅲ. ①英语—教学研究②英语—教师—师资培养 Ⅳ. ① H319.3

中国版本图书馆 CIP 数据核字 (2022) 第 193667 号

书　　名	英语教学与教师职业素养研究	
	YINGYU JIAOXUE YU JIAOSHI ZHIYE SUYANG YANJIU	
作　　者	王盼盼　著	
策划编辑	殷丽爽	
责任编辑	张宏亮	
责任校对	安　萌	
装帧设计	李文文	
出版发行	吉林大学出版社	
社　　址	长春市人民大街 4059 号	
邮政编码	130021	
发行电话	0431-89580028/29/21	
网　　址	http://www.jlup.com.cn	
电子邮箱	jldxcbs@sina.com	
印　　刷	天津和萱印刷有限公司	
开　　本	787mm×1092mm　1/16	
印　　张	11.5	
字　　数	200 千字	
版　　次	2023 年 1 月　第 1 版	
印　　次	2023 年 1 月　第 1 次	
书　　号	ISBN 978-7-5768-0857-5	
定　　价	72.00 元	

版权所有　　翻印必究

作者简介

王盼盼 女，1984年1月出生，安徽省宿州市人，毕业于西南大学，硕士研究生学历，博士在读，现任宿州学院讲师。研究方向：外语教学，教师教育，教师发展。主持并完成安徽省教育厅人文社科重点项目一项、安徽省质量工程项目一项，宿州学院教科研项目共8项，发表论文十余篇。

前　言

高校英语教育教学工作在当前社会发展新背景下表现出了更强的重要性，作用价值不容忽视，在高校学生培养中应该予以清晰明确的定位，以此更好地凸显高校英语教学功能。高校英语教师的职业素养对高校英语教育教学工作具有重要的影响。高校英语教师要明确英语教学的作用及其定位，了解自身职业素养存在的主要问题，然后再对高校英语教学进行改革创新，逐步提高自身英语教学水平。在当前高校教育教学优化发展中，为了更好地完成社会主义建设者和接班人的培养任务，高校英语教学是不容忽视的关键组成部分，在整个高校教育教学体系中扮演着重要角色，对于未来高校学生的成长和发展同样意义重大。但是在现阶段高校英语教育教学落实中，因为重视度不足及教育教学模式不当，致使部分英语教师职业素养不高，很难达到应有英语教学目的，不利于高校学生的优化培养，导致高校英语教学流于形式。因此，高校英语教育教学应该得到更为理想的创新优化，英语教师职业素养应当得到更明显的提升，力求更好借助于英语教学活动来培养高校学生相关技能。

本书第一章为英语教学概述，从三个方面对英语教学做简要介绍，让读者对英语教学有总体的印象，分别是英语教学的内容、作用和特点；本书第二章为教师的职业素养，主要介绍了四个方面的内容，依次是教师的职业道德、教师的专业知识、教师的教学能力和教师的职业规划；本书第三章为英语教师的职业素养，从英语教师的角度对教师的职业素养进行分析，分别介绍了英语教师的职业道德、英语教师的专业知识、英语教师的教学能力和英语教师的职业规划；本书第四章为英语教师的职业素养现状分析，主要介绍了两方面的内容，分别是英语教师职业素养现状和英语教师职业素养现状的原因；本书第五章为英语教师的职业素养提升策略，从三个角度提出了英语教师职业素养提升的策略，分别是社会方面、学校方面和教师方面。

在撰写本书的过程中，作者得到了许多专家学者的帮助和指导，参考了大量的学术文献，在此表示真诚的感谢！

限于笔者水平有不足，加之时间仓促，本书难免存在一些疏漏，在此，恳请同行专家和读者朋友批评指正！

作者

2022 年 1 月

目录

第一章 英语教学概述 1
  第一节 英语教学的内容 1
  第二节 英语教学的作用 25
  第三节 英语教学的特点 34

第二章 教师的职业素养 37
  第一节 教师的职业道德 37
  第二节 教师的专业知识 52
  第三节 教师的教学能力 60
  第四节 教师的职业规划 71

第三章 英语教师的职业素养 81
  第一节 英语教师的职业道德 81
  第二节 英语教师的专业知识 90
  第三节 英语教师的教学能力 95
  第四节 英语教师的职业规划 116

第四章 英语教师的职业素养现状分析 131
  第一节 英语教师职业素养现状 131
  第二节 英语教师职业素养现状的原因 141

第五章　英语教师的职业素养提升策略·················152
　　第一节　社会方面·····························152
　　第二节　学校方面·····························158
　　第三节　教师方面·····························166

参考文献··175

第一章　英语教学概述

本章为英语教学概述，通过本章可以对英语教学有大概了解，共分为三节。第一节为英语教学的内容，第二节为英语教学的作用，第三节为英语教学的特点。

第一节　英语教学的内容

一、英语听力教学

（一）听力教学的目标

随着全球经济一体化进程的持续推进，各行业对于掌握较高英语水平的国际化人才需求越来越紧迫。这对于高校人才培养，特别是英语口语对话能力的培养提出了更高的要求。高校的英语教学目标应当注重培养学生良好口语交际能力，使所培养人才在激烈的国际化竞争中争得一席之地。

大学生英语听力水平想要得到有效提升就必须意识到英语是一门语言，而语言的形成必定与其所在国家文化、历史等息息相关，因此，大学英语听力教学目标应当包含两个方面：一方面，是大学生大量听、说、读、写的练习，反复多次练习，提升语感；另一方面，是对西方文化及历史的了解，从而理解相同单词在不同语境、不同语气下表达的不同意思。明确这一目标，教师在进行英语听力教学时要在课堂中融入更多人文交际文化及西方历史文化等知识，可以运用多媒体播放与所讲课程相关的国外视频，感受西方人说话速度及语气，让学生对西方语言表达习惯有更多的了解，从而有效提升大学生的英语听力能力。

（二）听力教学的现状

1. 教师观念意识淡薄

根据教育部要求，听力与口语能力应占据重要地位，同时良好的英语听力能力在英语交际中也是最首要的能力。然而，无论是在基础教育还是非专业本科阶段的英语教学中，受卷面考试形式的限制，教师在授课时更着重打造学生的阅读和写作能力，以期在书面考试中取得更为直观的成绩效果，而对听力与口语能力的养成则明显滞后甚至直接忽视。在大学阶段，英语听力的考试题目设置仍然与高中题目类似，因此不免受到应试教育模式的惯性影响。包括全国大学生英语等级考试在内的大学英语考试中，听力题目形式均为客观选择题。因此多数教师在授课时倾向于因循旧规，在听力练习前给出几个关键词组，再定位讲解题目设置问题处附近的原文句子，通过大量输入式练习，突出强调做题能力，忽视了学生整体听力能力的塑造。总体而言，在传统的听力课授课过程中，教师的教学目标通常是带领学生理解听懂题目设置部分的英语句子，而非把握英语听力素材整体的内容逻辑，没有把听力训练提升到对讲话人整体意图的理解，即实际交际语言能力的培养。此外，为了取得更好的教学成绩，教师的整体教学倾向抛弃了语言学习的整体性，偏重输入，在教学结束时，往往以学生答出正确听力选项为结束，忽视对学生听力输入转化衔接为写作或口语输出能力的锻炼和培养，也无法判断学生在听力练习中是否真实地把握了说话人意图，只是完成了少量句子的意思选项考核。

2. 课堂时间分配不合理

大学英语听力课堂中的听力材料十分丰富，教师在教学中需要结合每位学生的实际情况，做出引导和答疑，还要根据听力材料的难易程度和重要性，规划教学进度，组织课堂教学活动，实现对课堂时间的合理分配。然而，部分教师在英语听力课堂中无法掌握学生实际需求，未能就听力内容对学生进行积极引导，在实际的教学中往往花费过长时间讲解短对话内容，特别是在听力课堂的前半部分讲解过于细致，听力课堂教学节奏前松后紧，教学进度无法保证，不利于提升学生的听力技能。

3. 课上教学互动交流少

当前，部分教师在组织大学英语听力课堂的过程中，与学生的交流互动较少，学生对听力材料的注意质量受听力疲劳影响，很容易出现转移、分散的情况，不利于提升听力课堂的实际效果，无法使学生获得预期的听力训练实效。许多教师在教学活动的开展中，对学生特性和班级整体共性的了解程度不深，在应用教学方法和策略的过程中，未结合学生的学习状态，不利于实现因材施教的听力教学，学生听力能力提升效果不明显。

4. 听力学习目标不明确

在传统教学中，学生被动接受应试教育训练，根据考试题目分值比例设置，将大部分学习精力投入篇章阅读中去。而写作、翻译等主观题目因为阅卷主观性较强，往往分值比例不高；听力题目在目前考试招生中不计入实际成绩总分；口语题目更是缺乏成熟的评价体制，导致学生呈现出"会读，能写，无法交流"的语言学习怪象。学生在学习中往往不自觉地把通过考试作为学习目标，把英语学习简化为一种应试学习，进而忽视了语言学习的真正目的是运用语言来表达信息。据 2019 年全球雅思考生数据报告，在同等注重听说读写四种能力考核的剑桥雅思考试中，中国考生的雅思听力平均成绩为 5.9，在参与排名的 40 个国家与地区中排名倒数第七，口语平均成绩为 5.4，与阿拉伯联合酋长国并列倒数第一。从这个片面的数据角度来看，目前的大学英语教育离教育部课程要求还有一段距离。

5. 学习听力学习兴趣不足

在大学英语教学中，可以发现不同专业和班级学生之间的英语水平差距较大，自身语言素质参差不齐，一部分学生实际的英语听力水平远超过其他学生，属于过渡性双语者，在英语听力教学中有较高的积极性和参与度。然而，其他学生由于过去英语学习经历中的多种原因，存在英语阅读能力远超听力口语能力的情况，在听力课程的长对话和短文听力中，容易跟不上听力材料的节奏，经常出现漏听和理解偏差等问题，久而久之，产生了消极的学习情绪，对课堂的参与度不高。

6. 学生听力方法不当

以大学英语四六级的听力考试为例，许多学生对题目中动宾结构、修饰语的敏感度不高，对涉及时间表达、数字比例的听力语句和词汇的反应不灵敏，容易出现错过、漏听的问题，而且易受干扰信息的影响，导致出现理解偏差，亟待掌握有效的听力技巧和学习规律。另外，许多学生都未养成反复听"反转词"及归纳特殊口语表达的习惯，例如对吞音、连读的不敏感，不注重培养自身对英语听力的语音感。

7. 英语实践机会较少

想要提升英语听力能力，最好的办法就是多说、多听，克服胆怯、羞涩，在各种情况下、各种状态下都要大胆地说、认真地听，这样听力经验和能力自然会得到快速累积和提升，可见在教学中给予学生实践机会的重要性。大学中的英语实践较为灵活，学生可以将自己所学的知识进行最大限度的应用，说错也没有关系，最重要的是敢说、多说、多练习。可惜的是，在当今的大学英语课堂教学中，英语教师要负责的学生很多，给予大学生的实践机会并不多。

（三）听力课程的教学对策

1. 合理分配课堂时间

为了确保切实提升英语听力课堂的教学质量，培养学生的英语听力能力，教师应在听力课堂中从自身角度出发，首要解决"教"的问题。合理分配听力课堂的时间是充分把握听力材料内容、把握课堂节奏、提高教学质量的重要着力点。现阶段，许多高校英语听力教学开展所应用的材料一般是《新视野视听说》内容和四六级听力考试真题，在课堂教学的固定时间内虽然制订了教学计划和目标，但在实际的听力教学中却面临很多干扰，如听力设备的调试，学生与教师针对文化知识背景及现象等因素的讨论。在这样的教学环境下，教师要注重提升自身的教学组织能力，及时且定期进行教学反思，确保在听力课堂上能达到张弛有度、收放自如的状态，避免在某一点听力内容或拓展知识背景上消耗过多课堂时间，使后续重点内容未能深入讲解或被搁置。此外，合理分配课堂时间，还要从优化教学准备和课堂流程入手，提升听力教学的质量和效率。教师在组织听力教学课程之前，应对听力课程所需的音频、视频资料及听力课堂的多媒体设备进行检查调试，针对听力习题准备相应的参考答案、文化背景信息及其他教学辅助材料，以此来配合听力教学的全方位展开。不仅如此，为了有效提升学生的听力水平，还要合理分配习题讲解时间，着重训练学生英语听力能力，提高对听力内容的灵敏度，加深对不同主题听力材料重点词汇的印象，使有限的听力课堂时间发挥最大的功效。

2. 加强课堂师生互动

提高大学英语听力课堂的质量，提升学生的英语听力能力，需要教师在教学活动的开展中充分发挥学生的主体地位，加强师生之间和学生之间的互动。首先，教师应充分认识到现阶段大学英语听力教学模式中的不足之处，改变传统的教师单方面输出教学内容的方式，重视学生在听力学习中的课程实际需求。教师在组织和准备听力课堂的过程中，应充分了解学生，全面挖掘学生在听力学习过程中的个性化需求，帮助学生正视在英语听力学习上的短板，汇总班级学生的反馈信息，以学生的实际需要为制订教学设计方案的参考，与学生共同制订专门的听力训练方案，打破在以往听力课程中的多种限制，如听力材料的选择、训练模式及学时安排，提高听力课堂的精细化水平，打造因材施教，满足学生实际需求的"金课"。其次，为了提高学生注意力，教师还应充分借助现代化教学技术，不断丰富听力材料。备课时，教师应注意整合听力课堂的教材资料，结合班级学生的学习情况和教学计划合理选取语音知识材料、听力训练材料及文化背景知识材料等，在充分开发听力教材的基础上，还要保证听力课堂的时效性和听力主题的多样性，可以在听力课堂引入 BBC 新闻、TED 演讲的音频选段等。最后，教师还应定期开展英语听力学习交流会或线上沟通平台，以促进教师和学生，以及学生之间的互动、交流和分享，及时获取学生在阶段英语听力学习中的感受和心得，以此来进一步调整教学安排和课堂组织。同时，第一时间为学生解答在学习中的疑问，给予科学指导，以此来提升大学听力教学的质量和效率。

3. 激发学生学习兴趣

激发学生对听力课堂的兴趣，是发挥学生在学习中主观能动性的重要着力点，必须要突出学生在教学中的中心地位。随着我国英语听力教学辅助工具、材料获得的便捷程度的提高，大学生提升英语听力水平的方法越来越多。然而，如果学生对英语听力课堂不感兴趣，还是无法真正提高学生的英语综合应用水平，因此，教师应注重激发学生的学习兴趣，提升学生的积极性。为了确保在大学英语听力教学中充分发挥学生的主体地位，一方面，教师应从丰富听力材料入手，激发学生兴趣。在组织教学的过程中，教师应确定不同单元的听力教学重点和难点，并以学生的实际英语听力能力水平为基础，合理取舍教材内容并适当延伸补充。相应地，教师还应详细地根据学生用书分析学生在听力练习中的难点内容并做出标记，以便在听力课堂上重点讲解学生普遍存在疑惑的部分。另一方面，教师在听力教学的过程中还要照顾到学生的学习体验。对刚迈进大学校园的学生来说，大学听力课程的难度和知识点的密度要远高于高中阶段，且学生大多都没有经过专门的听力训练，所以在听力的习题环节容易感到茫然和紧张，在畏难心理的作用下，很容易失去学习兴趣，致使听力练习不积极，遇到长对话或短文听力习题时基本靠猜。针对这些常见的听力学习问题，教师应先为学生打好听力渐进学习的"预防针"，帮助学生树立信心。同时，还要营造轻松的课堂氛围，降低学生的紧张感、焦虑感和挫败感，使学生保持良好的学习态度。此外，考虑到在提升学生总体听力水平时的个体差异性，还要坚持因材施教的听力教学方法，特别是对英语听说能力较差、性格腼腆内向的学生来说，要给予更多的鼓励、支持和肯定，通过个性化、激励式的学习评价，肯定学生的进步，及时地指出不足。

4. 以听力技巧为重心

正确的学习方法、高效的听力技巧是提升听力课堂实效性、提高学生英语听力水平最有效的方式。现阶段，无论是英语能力等级考试还是各类英语赛事都会涉及英语听力，教师以培养学生在听力上的技巧为重心，使学生掌握正确的英语听力能力的提高方法，并将其落实在日常的听力训练和习题应用中，才能提高学生的审题和解题能力。在众多听力技巧中，原文重现和同义替换是学生要重点掌握和不断强化提高的学习和解题技巧。大学阶段英语听力的主要考查题型为选择题，教师在课堂上要指导学生划分选项中的关键词，在短对话中关键词的形式往往是形容词或副词，而在长对话和短文听力中，在修饰语的基础上还要进一步划分句子的动宾关系，通过将选项的关键信息标注，可以提高学生对听力材料的反应能力。同义替换也是许多听力试题的重要考查点，旨在考查学生对不同表达形式的掌握程度，教师在教学中应指导学生自主地进行听力素材的同义词归纳，例如表积极意义词的同义替换、表客观、批判及时间、百分比的其他表达形式，通过大量的听力词汇积累，让学生正式做题时能快速捕捉到听力在原文与选项之间的替换位置，提高正确率，使学生积累多种表达形式，侧面提高英语表达的准确度和丰富性。

5. 增加学生实践机会

想要提升大学生英语听力水平，单纯依靠兴趣是远远不够的，还需要为大学生提供和创造英语实践机会。英语教师除了要将实践渗透到听力训练外，还需要将其渗透到英语读、写等方面，从而为大学生提供全方面的英语实践机会和训练机会，只有这样才能全面提升大学生英语听力水平。为此，在课堂中，英语教师要给大学生的听力训练和实践留出时间；在阅读方面，英语教师要培养学生边听边阅读的良好习惯，以便及时纠正错误发音，在阅读中培养语感，掌握英语文章的阅读节奏，从而对听力方面能力的提升起到促进作用。做好这些基础训练后，英语教师可落实各项实践，如让学生在课堂上进行阅读演讲，也可在课堂中开展多项"教学+娱乐"活动，还可以为学生提供和打造更多阅读机会，让学生的口语能力得到展现，让学生的听力能力得到有效训练和提升，这对于加深大学生对文章的理解、领悟有着较大的益处。在学生热情高涨的学习氛围中，英语教师还要鼓励学生进行总结，总结相近词汇，并记录它们的区别，这有利于培养学生分辨和应用英语词汇的能力，加深其对知识点的理解。此外，教师还可以在课堂上为大学生创造教学情境，组织学生实战演练，或是模拟情景让学生参与其中，从而提升学生们的听力水平及口语表达能力。

二、英语口语教学

（一）口语教学的目标

随着经济全球化的不断发展，英语作为一门通用语言对我们国家社会生活的影响越来越大，这就对我们原有的英语教学体系产生了较大的冲击。英语学习的问题不再只是用来应对中考、高考、四六级等，如何真正掌握英语成为现阶段高校教学必须迅速解决的问题。

伴随着社会的发展与教育事业的改革，我国大学英语教学已经取得了非常显著的成效。但应试教育的影响较为深重，很多大学生都存在着读写能力达标，但听说水平存在缺陷的状况，大学生的英语口语水平相较于读写水平来说还有非常大的进步空间，用英语进行交际更是很难实现。随着我国教育改革的深入，对大学英语提出了新的要求，目的是提高学生对英语的综合表达能力，使学生能够无障碍通过英语完成学习、生活与工作。同时，随着与国际联系的频繁，英语的流畅交流也成为非英语专业大学生的学习需求，希望通过学习来提高自身的口语水平，是目前大学英语教学的主要目的之一。尽管从小学阶段就已经有了英语口语课程，但是绝大部分大学生的口语能力并不突出，甚至无法应对一些日常的简单交流。而目前英语学科的重要培养目标是提升学生的口语表达能力，帮助学生扎实掌握英语语言知识，培养学生英语语言应用能力和思辨能力，增强学生跨文化交际能力。

（二）口语教学的现状

1. 学习动机短视

口语是一种交流的工具，流利的口语有益于学习者个体的长远发展。目前大部分学生学习口语是为了应试和取得相应证书，且认为工作后缺乏口语应用场景，致使其没有强烈的学习动机。

2. 英语水平不高

部分学生存在语言基础不扎实、知识面较窄、发音和语调较差、句子结构和句法方面较差、逻辑性欠缺、表达不流畅等问题，信心不足导致学生学习兴趣降低，进一步影响水平提升。

3. 学生个体差异

学生基础英语水平差异较大，高校英语课堂教学时学生较多，制订学习目标时难以考虑学生的个体差异，忽视了基础薄弱学生的学习需求。部分学生的英语水平较低，导致在英文教学环境中无法有效消化课堂知识。

4. 教学方式单一

在课堂时间安排上，英语教师采用灌输式的教学方式，教师单独讲解占据了大部分的课堂时间，而英语教师讲解又以完成教学任务为目标，至于学生的英语口语练习时间则不在教师的安排之内。

5. 教师水平欠缺

部分英语教师无法做到正确流利的发音，尤其是语调、语气。备课和上课占据了教师的大部分时间，使教师学习深造时间有限，无法进一步提升自身的口语水平，且无法有效钻研教学理念和方法。

6. 口语教材内容有限

教材作为学生获得系统性知识、进行学习的主要材料，能有效提高学生的口语表达能力。但其中案例及素材所占比重较小，仅凭教材知识无法满足大学生口语培养需求。

7. 评价标准单一

期末考试和证书考试通常是口语专业学生的考核指标。该评价体系未能在教学过程中充分评估和了解学生的初始水平、提升水平，未能有效指导学生调整学习。

（三）英语口语教学的思路

1. 采用先进的教学理念

"先学后教，以教导学，以学促教"的教学理念是基于翻转课堂的线上、线下相结合的教学模式，促进学生口语能力的提升。随着电子产品的普及化、网络学习资源的丰富化、互动交流的便利化，学习不再局限于课堂，有必要充分利用先进技术手段，采取有效措施来促进口语课程教改。翻转课堂本质是让学生课前完成知识的自主学习，课堂巩固和内化知识。课前学生可以按照兴趣爱好和口语水平，充分利用线上优质口语教学资源开展学习。同时也可以在线上进行师生间、学生间的互动交流学习。线上互助板块可以使师生间、学生间开展话题讨论、充分交流意见、共享优质学习资料、提交课程作业和评分。课堂上教师可以运用多媒体、录音录像设备、幻灯片等工具丰富教学内容，使口语教学内容直观化和形象化，提升教学趣味性。教学过程中可以拓宽主题和选材范围，增加课堂活动，训练学生的语言技能，从而达到交际自如的程度。教师应注重时间的合理分配，设计有效的教学活动，实现知识的内化与巩固。

2. 采用有效的教学方法

根据教学理念和教学模式，介绍具体的教学实施过程。在学期初，由教学经验丰富和教学能力突出的教师根据本学期学习目标整合优质的学习资源，确定整学期的学习内容，并向学生明示本学期教学方式及考核方式；罗列每周课前、课中、课后任务清单；确定学期成绩评价方式。其中，课前任务包括：①学生完成慕课教学视频学习，完成布置的任务；②学生通过在线教学平台提交自主学习中遇到的问题；③准备课中活动任务。课中任务包括：①教师解答课前学生所提问题；②教师完成课程内容讲解；③学生完成课堂 TED 演讲；④评价学生课中活动内容（单人、小组）表现，作为学期成绩依据。课后任务包括：①学生通过在线平台提交本周作业；②完成下次课程的学习任务。

教师提前布置学习任务，让学生做好课前准备工作，学生学习教师整合的优质资源、完成任务清单。优质学习资源的来源包括中国大学 MOOC、中国高校外语慕课平台、英语学习软件等。在语音、语调读音方面，学生可以通过英语学习软件进行语音、语调的自主学习及进行个人口语水平测评。首先，英语学习软件中具有丰富的学习素材、AI 及真人语伴互动学习、水平测评和根据学习目标量身制订计划等功能，方便学生根据自身情况进行口语的多目标学习，基本解决语音、语调等问题，并实现语言知识储备。在口语能力提升方面，学生根据教师推荐的慕课课程，能够针对某个具体问题发表主张和见解，阐明事理，进而实现思辨能力、专业素养、语言技能训练等的提升。同时，学生根据自主学习情况，可以通过在线教育平台提出问题。在授课过程中，教师首先根据在线教育平台上学生反馈的问题进行针对性的解答。其次，教师对课程内容进行讲解，其间可以通过小组讨论和情景模拟等手段实现知识的巩固与内化。学习小组可根据学生基础知识水平、性格特点等进行合理划分，针对不同的小组合理布置口语任务，以满足不同基础水平学生的内在需求，充分培养学生的协作学习能力。最后，学生完成课堂 TED 演讲，对于优秀的学生可推荐参加学校的 TED 演讲比赛。通过教师点评或学生互评等方式开展教学活动，可利用在线平台的收集表、投票、评价等功能进行记录。评估方式为全过程形成性评估和总结性评价相结合，课程成绩根据每次作业的完成质量由教师评分，计入学期成绩。课后，学生完成下次课程学习并提交作业。

3. 采用科学的评价方式

口语教学旨在提升学生的口语交际能力，考核指标应具有科学性和综合性，并符合线上与线下混合教学模式实施要求，其中线上学习主要考核客观学习情况，如学习时间、作业完成情况；线下学习主要考核口语的运用等。评价方式应兼顾过程性和总结性，采用形成性、总结性评价对学生进行评估。

形成性评价是对学生学习过程的评价，旨在确认学生的学习潜力，提升学生的学习能力。通过评价，使学生的学习目标清晰明确，学习过程更有意义，进而使学生产生更为强烈的学习动机。形成性评价建立应包含科学性、导向性、多元化、激励性和可行性原则，且评价过程应考虑学生的基础口语水平和进步水平。主要考核内容包括：课堂出勤、活动参与、TED展示和任务完成情况等。评价方法包括教师点评、学生互评等，教师点评可以使教师及时了解学生的学习情况，辅助学生调整学习过程，增强自信心，培养合作精神。学生互评可以使学生在交流中学习，在评价中认知，在反思中进步。总结性评价是在教学活动告一段落后，为了解教学活动的最终效果而进行的评价。口语期中、期末考试采用交际考核方式，将发音、词汇多样性、语法多样性及准确性和口语流利性与连贯性作为考核指标。

三、英语阅读教学

（一）培养阅读能力的必要性

在大学期间，英语是一门公共必修课，是每一位学生都需要学习的科目。而且，不同的专业还会开设专业英语课程，以进一步发展学生的专业基础能力。由此可见，发展大学生英文阅读能力是有着重要的意义的，同时也是现实的需要，其必要性是毋庸置疑的。

第一，学生养成良好阅读习惯的需要。当前，部分大学生的英语语言能力比较差，英语基础不好，而且没有形成良好的英语阅读习惯，这都影响了其阅读能力的提高。部分大学生对于英文阅读的积极性不高，甚至是害怕、厌恶英文阅读，没有通过英文阅读来提升阅读能力的愿望。而且，在英文阅读时，采用的阅读方法也不合理，导致阅读效果不好。长此以往，更加不利于大学生英文阅读习惯的培养。因此，需要通过科学的英文阅读方式，夯实学生的英语基础，提高其英文阅读的兴趣与能力，帮助学生克服英文阅读的心理障碍，最终使大学生不仅乐于进行英语阅读，也能通过正确的方法开展英语阅读活动，养成良好的英语阅读习惯。

第二，提升英语水平的需要。大学生英语水平的高低会受到听、说、读、写、译各方面能力的影响，其中阅读能力对于学生英语水平的影响巨大。在大学阶段的英语学习，阅读占据的比重是比较大的。在教材的编排上，许多知识点的学习都是以语篇的阅读为基础，一些词汇也需要放在具体的语篇中学习理解。因此，发展大学生英语阅读能力是全面提升大学生英语水平的需要。只有不断发展大学生的英语阅读能力，让学生具备更好的阅读理解能力，才能为英语能力的全面提高打下基础。

第三，提升学生英语使用能力的需要。学习英语的最终目的是使学生形成灵活使用英语的能力，从而能够更好地为学习、生活、科学研究及工作服务。而英文阅读无疑是学生使用英语最为重要的途径。尤其是在大学阶段，学生在学习和参与科学研究的过程中，难免会接触到外文文献，面对专业性强的外文文献，学生只有具备良好的英文阅读能力才能从中获取所需的信息。此外，英文写作也是大学生灵活运用英语的具体体现。而阅读是写作的基础，需要通过阅读大量的英文资料来积累写作所需的材料，只有不断发展大学生的英语阅读能力，学生才能具备从众多英文资料中总结出所需的材料，并将其运用于英语写作的能力。所以说，在大学英语中发展英语阅读能力对于学生灵活使用英语能力的形成与提升是极为必要的。

（二）阅读教学的现状

1. 学生方面

一方面，学生对英语阅读教学的重要性认识不够。很多学生学习英语并不是为了掌握语言技能，实现语言的价值，而是为了应对考试，阅读学习则处于可有可无的尴尬地位。在这种情况下，学生在英语阅读课的学习中，常常出现玩手机、睡觉、逃课等现象，致使学生的阅读能力低下。

另一方面，学生自身的英语基础知识、学习能力等方面都存在显著的差异性，学生在具体的阅读学习中，常常因为词汇量不足、西方文化欠缺等问题，无法知晓文本中的意思。久而久之，学生就会逐渐丧失阅读的兴趣，这制约了学生的阅读能力发展。

另外，在应试教育的影响下，大部分学生是通过刷题和死记硬背等方式来提高英语成绩的。然而英语阅读是一种综合性语言应用能力，应试教育下的"题海战术"很难使之在短时间内有较大的提高。大部分学生采用指读、唇读、默读、回读、边查字典边读、逐字阅读等阅读技巧，但大学英语阅读具有材料难度大、内容涉及面广、篇幅长等特点，这些技巧基本不适用。

2. 教师方面

一方面，受到传统英语教学理念的制约，教师在开展阅读教学的过程中，教学侧重点存在明显的差异性。具体来说，基于阅读在高校英语专业考试中所占据的分值和比例，教师依然将"基础知识、阅读技巧"放在教学首要位置，针对阅读理解试题进行强化练习。阅读教学侧重点出现的偏移现象，致使阅读教学效果不佳，难以真正实现阅读教学的育人价值。

另一方面，教师常常忽视学生的主体地位，一味地开展课堂讲解，结合阅读材料，讲解其中的词汇、语法、句子、分析文章结构等，在此基础上带领学生对文章进行翻译。这种阅读教学模式非常单调，忽视了语言的特点，缺乏师生互动，阅读教学呆板而低效，严重制约了学生主动阅读能力的发展和提升。

（三）英语阅读教学的对策

1. 更新教材，彰显时代性

合适的阅读材料是开展高校阅读教学的前提条件，而彰显时代性的阅读材料则更能引起读者的兴趣，激活读者的原有知识储备。整体来说，阅读材料的时代性主要体现在以下三个方面，一是内容的趣味性。趣味性较强的阅读材料更能有效地调动读者的原有知识储备，激发读者的阅读兴趣和阅读动机，从而提高阅读效率和阅读能力。二是内容的时代性。大学英语阅读的教学重点是语言和文化知识相结合，换言之，它既注重语言知识的积累，也注重篇章的构成和文章整体意义的把握。所以一篇好的阅读材料既要有较为丰富的语言、语法知识，又要包含体现时代性的政治、经济、文化相对应的内容。三是内容的适切性。内容的适切性又称之为内容的可读性，主要指的是文章词汇或内容的难度系数要与学生的阅读水平一致。按照著名语言学家克拉申的输入假说理论，文章的难度系数可以略高于读者的理解水平，这样有助于读者阅读能力的提高。

2. 加强对教师阅读教学策略的培训

只有教师全面掌握了阅读策略及其训练方法，学生才有可能提高阅读能力。当代大部分英语阅读教师只注重英语教学法的研究，讲课的过程中只注重文章中的单词和短语，对篇章构成等理解性内容的讲解少之又少，更别说关于阅读策略的讲解了，所以开展教师阅读教学策略培训十分有必要。开展阅读策略培训可以使教师在阅读教学过程中准确把握阅读的重点、难点，培养学生的阅读能力。加强英语教师阅读教学策略培训可以从两个方面进行，一是校内培训。邀请海内外知名专家进校开展阅读技能培训讲座，通过研讨会和讲座使教师更新阅读教学理念。二是开展阅读教学技能大赛。通过比赛的形式使教师有意识地研究各种阅读教学技巧和策略，同时也提高教师们对阅读课程的重视度。

3. 培养阅读兴趣，培养文化素质

俗话说，兴趣是最好的老师。如今大学英语阅读教材内容大多涉及科技、天文、医学等专业领域的内容，专业性很强，故学生的阅读兴趣并不是很大。所以阅读教师在选择阅读材料时可以选择一些主流媒体的实时新闻，编成阅读理解给学生做。在选阅读材料时要尽量做到"投其所好"，多选学生关心的热点话题和事件。此外，教师还需要加强对英语历史文化知识和文章背景知识相关介绍，拓宽学生的知识面，从而提高阅读兴趣和文章的理解能力。

4. 培养学生掌握阅读技巧

学生在大学英语阅读课堂主要关注于读文章和核对答案，他们不会依据不同题材的阅读材料而选择不同的阅读策略。更糟糕的是大部分学生认为大学英语阅读课程形同虚设，根本不能提高阅读能力、拓宽知识面。以至于他们对提高阅读能力失去信心，对英语学习失去兴趣。故开展学生阅读技巧训练迫在眉睫。

第一，合理设计读前活动。良好有效的读前活动，对于激活或增加学生相应的内容图式和认知能力具有重要的作用，它可以极大地提高学生的阅读效率和兴趣。读前活动可以包含对文章内容的提前猜测、背景知识激活、重难点词汇及句子讲解等形式。合理、精确的读前活动可以激发读者的阅读兴趣，激活读者相关背景知识，提高阅读效率和读者阅读能力。

第二，科学诊断阅读能力。开展阅读能力诊断测评，了解学生目前的阅读水平和潜在阅读水平，增加对学生实际能力的了解有助于开展更有针对性的阅读策略训练，同时也有助于教师选择合适的阅读材料。

第三，实时精准地点拨。注重学生阅读技能训练的同时也要着重培养学生的实践能力，很多学生对阅读技巧了如指掌，可是在阅读过程中还总是错误百出，不知道如何运用阅读技巧。故在阅读课教学过程中，教师应该给学生进行实时精准的点拨、引导、答疑、总结，使学生明白不同阅读技巧的具体使用方法，充分掌握不同阅读技巧。

5. 开展分层阅读教学

处于阅读能力相同的学生所遇到的阅读困难有一定的共性，因此，在阅读教学过程中，教师应该对不同阅读水平的学生使用不同的教学方法，传授不同的阅读策略来适应不同水平的学生，做到因材施教，提高英语阅读教学效果和学生阅读能力。

四、英语写作教学

（一）汉语与英语写作的差异

英语写作是让我国参与国际事务并积极占据国际竞争地位的重要载体，在大学时期的英语写作教学中，英语教师要想让学生清楚理解文学素养与英语写作的根本关系，尝试从不同的文化角度去分析英语写作，就需要英语教师自身先行，正确地解读英语教学内容的文化素养，而后启导学生正确了解汉语写作与英语写作的具体差异，有效完成写作启导。

1. 写作思维差异

语言精华的体现离不开思维。不同国家在不同的文化背景下思维不同，写作模式也不同。在大学时期的英语写作教学中，英语教师将英语视作最为常见且应用最为普遍的跨文化交流载体，既要带领学生学习英语知识，培养基础的文化思辨能力，也要引导学生应用英语，完成有效的写作表达，在表达中升华深层文学感悟。毕竟，我国绝大多数学生都是在汉语氛围的熏陶下成长，因此具有的写作思维较多是"回旋式思维""形象式思维"。而英语写作中的思维则基于国家发展而形成的是"直线性思维""抽象性思维"。

2. 篇章结构差异

英美文化中的直线性思维（抽象性思维）对英语写作的具象影响体现在，英语写作的篇章结构明显异于汉语写作下的写作布局。例如：英美文化下的英语写作更关注写作一开始的"看门见山"，以在我国大学英语等级考试中最常见"三段式作文写作"为例，基本上都是以一个明确的主题句引出，然后再由学生对主题句进行写作表达的细化展开、详细论述。而汉语文化下的文章写作则含蓄委婉，较少在文章开篇就"陈述分明"。为此，英语写作的篇章结构具有明确的"先综合、后分析""先概括、后具体"等特点。而汉语写作则是"形散神不散"突出发散思维的写作特点。因此，我国大学生易于在英语写作上呈现出英语写作逻辑散乱、重点不明确、说服力差等问题。

3. 遣词造句差异

在大学时期的英语写作教学中，词汇量的积累与词汇的灵活掌握一直都是英语教师相对关注的写作教学重点。但是，大学生在此时期需要学习并掌握的词汇量明显增多，英语教师在词汇教学中就不可避免地会出现忽视词汇内涵中的中西方文化差异对比教学的现实问题，难以做到学生词汇学习的"质"与"量"同步发展。因此，学生在英语写作训练中，对于英语单词的应用就不能完全理解其所传达的文化内涵，进而导致英语写作表达"词不达意"。例如：英语单词的"white"在大多数时候都表示汉语中的颜色单词，但是在整体性的英语写作应用中，"white"却不仅仅只具有"白色"一个意义，还有与单词"lie"搭配时的"没有恶意撒谎"的意思。

（二）培养学生文学素养的作用

1. 提高大学生的英美文化感知

大学英语写作教学的目的是提高大学生的英语综合应用能力。毕竟，语言是文化的最基础载体，语言与文化紧密相关，难以割离。因此，从英语写作的课程设计上来看，强化英语写作训练并不单单是为了满足学生的第二语言学习需求，更主要的是借助英语写作教学帮助学生开阔英文文化理解的具象面，让学生可以在实际的思考、应用中进一步感知英美文化。对英美文化中富含的价值取向、思维方式、表达形式等清晰了解，从而使自身的英语素养、文学素养、综合素养等得以合理培育，学习视野有效拓展。

2. 提高大学生的英语综合能力

文学素养在大学时期的英语写作教学中主要是指，学生对英美文学领域的了解与对应的综合素养提升。因此，在英语写作教学中注重对学生的英语文学素养强化，就是引导学生积极了解国外文化，对与英美文化相关的语言、背景、社会等多方内化，即英语教师在教导学生学习英语知识时，既要做到大量理论信息输入，保证学生的英语知识学习进度稳健、高效，同时对一些相关的外国文学作品多加渗透，引导学生主动阅读。以此保证学生在平时的英语互动模式中，也能够正确地使用英语语言，并对其深含的文化精华有所了解。久而久之，学生不但可以对教材内的书面用语掌握自如，还可以对一些通俗但在课本中较少见的英语口头语有清楚了解，提供良性的写作铺垫环境，让学生真实的英语表达语感得以增强。

3. 提高大学生的人文素养与审美能力

英语教师在正式的英语写作教学课程中，除了要根据学生的实际兴趣进行英美文学作品的初步筛选，还需要在实际的教学过程中对不同的文学作者、文学代表作、文学表达风格等进行整体性文体教导，以此启导学生真正意义上的理解英美文化，切实提高英语文学素养。在一开始，英语教师应该选择一些浅层性、大众性的文学作品引导学生阅读、学习，而后将所学在写作练习中应用体现。当学生的写作应用达到一个明确的层级提升后，英语教师再带动学生深入作品的整体性文化内涵，即对作品的人文性进行探讨，以此强化学生的文学素养，并使学生的写作审美得以提升。

（三）英语写作教学的现状

1. 英语写作教学观念陈旧

在目前的大学英语写作教学中，很多教师仍然采用传统的写作教学方式，教学观念陈旧，教学方法相对单一，偏重于技巧的讲解和知识的灌输，即在课堂中采用以写作范本讲解为主的方式进行教学，然后给出写作题目让学生进行写作，教师进行打分并评价。在写作教学课堂中如果没有做到以学生为中心，就无法充分调动学生的学习兴趣，导致教与学脱节，无法达到提高学生写作素养的目的。整体而言，目前的写作教学很多时候还是以教师为中心，学生积极思考和主动参与的机会较少。

2. 对写作教学的重视度和投入时间不足

一方面，现阶段的大学英语课堂，很多还是以讲解课本内容为主，教师在课堂上需要完成的教学内容的讲解，这会占据大部分时间，导致教师的工作量大，无法兼顾大学英语教学的每一个方面，比如阅读和写作。另一方面，很多教师和学生都没有给予写作足够的重视，没有意识到良好的写作能力对于提高英语综合能力的重要性，因此也没有给写作教学分配合理的时间。另外，大一大二阶段的学生，专业课程较多且学习节奏较快，课程的学习和巩固占据了学生大部分课堂和课后时间，留给学生学习英语写作和自由写作的时间极其有限，这也导致学生练习不足，写作水平停滞不前，写作能力亟待提升。

3. 写作积极性不高

写作练习和能力的提高需要付出的时间和精力较多，且见效慢。一篇好的英语作文，往往需要花费较长的时间来完成，需要融入作者的真情实感，而且写作能力的提高需要长期不断地积累素材和练习才能得以实现。在实际的写作中，很多学生更注重文章语言、内容和结构的准确性，忽视了情感的表达。加上很多大学生忙于专业课程的学习，没有太多时间去进行英语写作所需要的广泛阅读等活动，也不太愿意花费时间在英语写作上，难以做到持续投入时间来学习写作的技巧和练习写作，加上很多学生缺乏系统性的写作训练，使得这些学生写作的积极性不高，对写作存在畏难心理。

（四）大学英语写作教学的策略

1. 注重培养学生文学素养

首先，重视课堂教学过程中的学生文学素养培养。第一，课前督促学生收集、整合课堂学习所需材料。兴趣是学生最好的老师，英语教师在大学英语写作教学课程中，要想有效提高班级学生的英语文学素养，首先，就需要充分深入学生群体，掌握班级学生的学习兴趣与学习动态特征。而后，在具体的写作教学实践中，设计相关的写作文学问题，激励学生主动探究。例如：英语教师利用"大学体验英语"教学中所涉及的著名戏剧家莎士比亚的名言设计相关问题"同学们知道该名言的具体出处是哪里吗？名言诞生的背景又是什么呢？"让学生愿意自主收集、整合相关材料，在正式的写作练习中生动回忆，灵活运用。第二，延伸、开展科学的阅读活动。英语教师要想科学提升班级学生的英语文学素养，并使学生在英语写作练习中收获有效的学习成效，就需要明确阅读与写作的内在关系，重视对学生阅读拓展的实效启导。只有这样，学生才能够在趣味化的课堂阅读延展活动中，更加灵活地理解阅读与写作的实际关联，主动阅读相关内容，真切感受英语写作的文学魅力。例如：英语教师以艾米丽·勃朗特的"爱情与友谊"为载体，展开诗歌阅读学习，不但可以让学生从"Love is like the wild rose briar. Friendship like the holly tree."中感受英语修辞实际应用。还可以让学生从英语诗歌的实际阅读—默读—朗读中强化个人的感性感受，成为自身写作应用的实际财富。

其次，通过课外自主学习培养大学生文学素养。第一，活用自习课。大学时期的课时安排与基础教育阶段明显不同。因此，英语教师在课堂时间有限的教学约束下，要灵活地使用课外时间，延伸学生的写作启导。例如：对晚自习的灵活应用，即英语教师根据学生的学习态势对一周的某几节晚自习课程进行写作启导的辅助渗透。在此以组织学生观看由文学作品改编的英文原生电影《傲慢与偏见》（*Pride and Prejudice*）为例，在经典片段组织观看写作小结。既保证学生的晚自习活动趣味满满，又使学生的英语文学素养培养得到良好的启导、激活，为学生接下来的写作深化做好铺垫。第二，启导学生自由拓展，除了上述教学辅助手段，英语教师还可以使用激励式阅读教育，不设限的启发学生自主阅读相关文学作品抑或是由文学作品改编的电影，公开课，慕课等。以此使学生在自主性较强的自我拓展中，找到自身感兴趣的相关内容，并从该内容中吸收有效的写作可用内容。而英语教师只需要在外在的总框架观察中，为学生点拨一二即可。例如：学生通过大部分人都感兴趣的迪士尼动画电影延伸到有关 Walter Elias Disney 先生的深入了解，主动去观看相关电影、挖掘相关材料，一点点地在自主探究、实践中，深化自身对某一事物的多角度见解，做好文学素养培育的良性铺垫，使学生可以更加主动地受到教师推荐的相关文学作品熏陶，不再抵触。

最后，利用第二课堂培养学生文学素养。为了有效活跃校园文化，并最大限度地拓宽学生的英语写作相关课余爱好，在现如今的大多数高校中，英语教师都会开设第二课堂教学，将课堂时间的重点教导与第二课堂的细化教授有机结合，帮助学生培养文学素养、写作素养，使学生在接触文学作品的过程中，更加易于挖掘语言美、文学美。因此，英语写作教学自然也可以如此。例如：英语教师为了趣味化培养学生的文学素养，根据实际的写作主题提前组织一些诗歌朗诵活动、角色表演活动、舞台剧活动等。既丰富学生的文学视野，又使学生的写作视角高效开阔。

2. 转变写作教学思维和教学模式

在课堂教学中，教师需要转变传统的教学思维，要积极运用大数据时代的先进信息技术，将其与写作教学相结合，调整教学内容，调动学生学习的主动性，营造较为轻松愉悦的学习氛围，引导学生积极思考，激发学生的学习动机和兴趣。要让学生知道写作的重要性，帮助学生充分意识到听、说、读、写、译是紧密相关的、相辅相成的，提高写作能力能促进其他方面能力的共同进步，最终达到提高英语综合能力的目的。教师还可以在写作教学中采用新的教学模式，如微课和翻转课堂等，这样的教学模式不仅能丰富课堂教学，也能使学生在课外更高效地进行自主学习。同时，在教学中要注重以学生为中心，转变自身的角色，由原来的课堂主导者变为参与者和辅导者，指导学生利用平台的资源进行主动学习并多加练习，提高写作水平。

3. 科学地收集和筛选大数据资源

当前，大数据提供的信息庞大而纷杂，教师需要具备与时俱进的学习能力，提高自身的信息技术水平。教师首先需要充分了解大数据和网络，熟悉各个教学平台的操作流程，选择最适合学生的平台并加以充分利用。在大数据时代，教师要充分利用网络资源优化英语写作教学。面对海量的学习资源，教师要学会科学地收集和教学相关的素材，不断提高自己甄别信息的能力，过滤掉无效信息，筛选出适合教学的有效信息，并根据学生的需求和能力合理地选取教学内容，规划教学进度，同时引导学生更有效地利用平台来开展学习。

4. 帮助学生建立写作的信心

教师要通过多样化的教学方式，如充分利用在线学习平台及视频教学资源，引导学生展开自主学习，进行小组讨论与学习，激发学生的写作兴趣。教师还要帮助那些对写作存在畏难心理的学生逐步建立起对写作的信心。教师需要引导学生平时要善于观察生活，关心时事，多阅读，为写作收集素材，还要让学生知道，最能打动人心和引起共鸣的文章，除了语言、语法和结构等方面要准确，还应该是带有真实情感的，不要为了写作而写作，将文字堆砌成没有情感的文章的写作方式是不可取的。教师要多和学生交流，鼓励学生敢于用文字来表达自己的思想和情感。

5. 借助写作平台加强写作练习

英语写作的过程是对自身所学习到的语言进行重组加工，并融入思维和情感的过程。俗话说"俗能生巧"，只有经常进行写作练习，才能提高重组加工的能力，提升学生写作的熟练度和流畅度。大数据时代的到来，给大学英语写作教学改革提供了良好的机遇。教师可以适度地要求学生定时（比如每周一次或两次）在平台进行写作，并引导学生结合系统意见分析自己的作品，明确改进的具体目标。相较于传统的课堂写作练习，学生在提交文章至系统前，可以进行反复修改，文章一提交，系统的打分和写作意见就立即呈现给学生。教师可以参考系统意见，再结合学生的实际写作情况，给出补充意见。平台和教师给出的写作意见能帮助学生更好地进行下一次的写作。

五、英语翻译教学

（一）大学生翻译能力的构成

教育部《大学英语本科教学指南》（2017年版）规定了大学英语教学目标是培养学生的英语应用能力，增强跨文化交际意识和交际能力，同时发展自主学习能力，提高综合文化素养。并根据我国现阶段基础教育、高等教育和社会发展的条件现状，大学英语教学目标分为基础、提高、发展三个等级。在语言技能里，这三个等级分别对翻译能力做出详细的描述。总结起来，这三个等级都必须达到的翻译能力包括：①工具能力，即"能借助词典"进行翻译的能力。②双语能力，包括对原文的理解能力，源语和目标语之间的转换能力及用目标语进行表达的能力。"译文基本准确""基本达意"和"内容准确"都必须建立在对原文正确的理解基础之上，进而进行两种语言之间的转换。如果对原文理解错误，那么译文的语言即使再流畅，也不能算是忠实、合格的译文。③策略能力。三个等级目标都提到了对翻译技巧的使用，"能有限地运用翻译技巧""能运用较常用的翻译技巧"和"能恰当地运用翻译技巧"，差别之处在于使用翻译技巧的程度不同。

这三个等级目标中，对翻译能力描述不同之处在于：①处理材料的难度不同。三个等级分别对应的难度为较低、一般以及有一定深度的文字资料。层次越高，难度更大，需要处理一些带有文化特色的词汇、短语和句子。②译文的要求不一样。三个等级对译文的基本要求是首先要准确，无重大语言表达错误，即达到"信"的要求；在准确的基础上，再要求语言表达通顺达意，即满足"达"的要求。等级越高，对语言的要求就越高。③与所学专业结合程度要求不一样。基础目标没有提到；提高目标提到能翻译"与所学专业或为了所从事工作岗位相关"及"题材较为正式，题材熟悉的文章"；发展目标提到了能翻译"所学专业或所从事职业的文献资料"，译文能"基本满足专业研究和业务工作的需要"。

从以上的分析中，可以看出大学英语教学目标对于翻译能力的最低要求是要达到工具能力、双语能力和策略能力，较高的要求为超语言能力（如所学专业知识、话题知识、百科知识等）。

（二）翻译教学存在的问题

1. 对翻译教学不重视

目前，大学英语教材中的翻译主要体现在教学翻译，翻译的多数内容基本只出现在单元的课后练习中，所占的比例相对较小，且属于较为传统的语法翻译，对于学生翻译能力的提升助力不大，甚至会阻碍学生英语翻译能力的提升。在教学实践过程中，翻译教学常常遭到忽视，培养学生的实际翻译能力的教学方法被听说法及交际法等取代。如今，英语教学中普遍采用交际法及听说法，虽然能在一定程度上提升学生的听力、表达及交际能力，但是在语法使用的准确性，以及学生的翻译能力和写作能力培养方面还存在很大的局限性。长期使用该方法进行英语教学，学生可能会表现为：使用英文词汇时仍套用汉语语法结构来进行表达，出现中式英语；在进行英汉写作或者汉译英的翻译时，可能只会使用表意的实意词，会缺乏助、介词等，造成句子成分短缺；学生对复合句等长句的逻辑关系不清，可能会出现使用紊乱的情况，导致误译；对于语境的判断不清，可能会由于中英文化差异不能够进行恰当的表达，导致产生误译等问题。

2. 教学方法不当

中国学生在较低教育阶段所接受的英语学习方法主要是语法翻译法。该方法在翻译的过程中，过于注重形式翻译的方法，比较单一，大多数翻译都采用直译的方法，容易导致出现误译的情况，从而影响学生翻译能力的提升。而该现象产生的主要影响因素有两个：语言因素及文化因素。英汉两种语言本身就存在着差异，中文和英文中的词并不能够完全相同，英语中存在着一词多义的现象，让句子容易产生歧义，学生很容易翻译错。例如，"president"一词，既能够表示"总统""主席"，也可以翻译为"总裁""校长"，如果单独将其孤立起来，不联系上下文进行翻译，很容易出现矛盾和翻译错误。另外就是文化因素，语言在很大程度上受到文化的影响，对于外国文化的认知不足也会产生翻译错误。例如，John can be. He eats no fish and plays the game. 如果采用直译方法，句子翻译成：约翰很可靠，他不吃鱼，并且经常玩儿游戏。但是这个逻辑看起来并不通顺。事实上，这与英语国家的宗教信仰有关系，要对此有一定的了解才能够正确地理解这句话。其正确意思应是：约翰为人可靠，他不但诚实且为人正直。能够看出，同一句话的翻译方法不同会有很大的差异，且学生长期受到传统教学方法的影响，可能会导致学生的思维固化，翻译能力很长时间不能有所提升。从以上的问题可以看出，如今大学翻译教学亟待改革，大学教师应从新角度和思维来培养大学生的翻译能力。翻译不只是一种刻板的技能，更是一种应用的能力。在实际教学过程中，大学英语教师也应当利用多元化的翻译教学方法来提升学生翻译能力，同时提升自我的教学效率。

3. 教师教学能力不足

英语翻译具有很强的实践性。要让学生学好翻译，首先就需要教师具备扎实的翻译基本功和丰富的经验。但在实际的教学过程中，部分大学教师并未接受过正规的翻译教学训练，且很少参加相关的翻译实践活动，其翻译能力有限，仅了解一些常见的翻译技巧及翻译理论。因此，在向学生讲解翻译技能时，其更加注重语法的正确与否，导致学生只关注词义及语法的表达，而忽略了在句式结构上的意识及文化关联的重要性，翻译能力普遍不高。长此以往还会导致学生的思维固化，甚至在整个英语学习上很难得到进步。同时，大部分教师的教学任务都相对较为繁重，其将重心放在了授课之上，大多只是呆板地将应试的内容交给学生，再结合课后练习，让学生能够顺利通过考试即可，而没有注意自身翻译能力的提升。如果不是英语专业的教师，可能会由于自身能力的不扎实，在给学生讲授翻译内容时，会出现许多问题。按照传统的语法翻译教学，教师只需要把翻译好的含重点词汇的句子呈现给学生。这种方法能够压缩讲解的时间，同时减轻教师的备课压力，但不利于学生翻译的学习。学生正处于对翻译的认知阶段，利用该方法可能会导致学生翻译能力不强。除此之外，学生语言素养也可能成为翻译教学中的阻碍，学生语言素养较低，对英语基础知识的掌握较弱，在听力、口语、阅读及写作方面能力不足，很难用英语进行完整表达，在汉译英及英译汉时，都存在很大困难。

（三）翻译教学的重要性

在社会不断发展及国际交流日渐频繁的时代背景下，高校英语教学应当更加注重对学生综合素质的培养。而翻译方面的实际应用能力就是学生英语综合素质的最主要表现，在英语教学中占据着十分重要的地位。

首先，英语翻译教学有助于促进学生听说读写各方面综合能力的发展。以往的应试教育过于关注学生的书面成绩，却忽略了对英语应用能力的考核与培养，因而学生的英语综合能力很难得到提高。在翻译教学的过程中，学生会对英文语句进行深刻的剖析，也会使用到各方面的英语能力，听说读写能力都能得到很好的锻炼，有助于大幅度提升学生的英语综合能力。借助英汉互译，学生能够更加透彻地理解和把握英文语句，从而使英文学习达到事半功倍的效果。

其次，翻译教学能够帮助学生深入了解中西方的文化差异。在应试教育的背景下，学生主要采用中国句式的思维方式去理解英语句式，这就会在翻译过程中出现很多错误，无法达到了解西方文化的目的。而翻译教学中的西方思维训练能够帮助学生更加透彻、准确地了解中西方文化差异，掌握西方人的说话方式。

最后，大学生英语翻译能力的提升，也是顺应时代发展的必然趋势。在国际交流日益密切的时代背景下，外资企业对员工的英语交流水平具有极高的要求。翻译教学能够有效提高大学生的翻译能力，帮助其更加准确地把握国际经济发展形势，更好地为国家经济发展做贡献。

（四）大学英语教学中翻译教学策略

1. 提高对学生翻译能力提升的重视

学生英语翻译能力在英语学习的过程中非常重要，大学英语教师可以结合实际教学情况，重视学生翻译能力的提升，将提升翻译能力作为教学目标之一。可以设置阶段性的教学目标，让学生能够从基础的语言项目训练教学逐渐走向能切实提升学生翻译能力的目标。不仅如此，培养学生的英语翻译能力还能让学生成长为社会所需要的复合型人才,部分有条件的学校可以考虑将大学英语翻译教学独立出来,为其编写合适的翻译教材,让学生得到系统及专业化的培养。

2. 采用科学合理的教学方法

第一,分析语法结构,增强两种语言结构对比。语法能力是语言能够交流的重要组成部分,大学英语教师应当结合课堂教学的具体内容,在学生阅读能力的教学基础之上,对课中句子的结构及语法现象和句型等进行详细的语法分析,加强中英文语言结构的对比,让学生在理解原文的基础之上再进行英汉互译,提升学生语法能力。语法知识是基础,语法基础扎实,语法能力强,学生就能对语法知识进行解释和分析。

第二,采用回译教学方法。回译教学方法就是把课文用原语翻译过去。大多数人认为汉译英难点在于表达,而英译汉的难点在于理解,这是由于大多英语学习者的母语水平及英语能力的发展是不平衡的,通常英语学习者的母语水平远远高于英语水平,对于英语的表达也存在一定的差异。因此,大多数学生在进行英译汉时能正确表达,但是在汉译英时,他们很难能将中文还原成原文,甚至很多学生对于英汉互译有很大的畏难情绪,回译句子就变成最熟悉的中式英语,很难达到标准。事实上,回译能够让学生更直接地感受到英语与中文之间的差异,能更准确地了解英语地道的表达方法,常进行回译练习,对学生翻译能力的提升大有裨益,能够在潜移默化中改变学生的思考能力,提升学生的英语翻译能力。

3. 加强对学生的文化疏导

在大学英语的实际教学过程中,翻译是重要一环,其发挥着将理论与实践相结合的关键作用。普通的语言教学翻译往往不能够达到不同国家文化之间较好的沟通效果,也无法更好地提升学生翻译能力。而提升翻译能力的前提是学生能够具备良好的文化认知,需教师对其进行文化疏导。在英语翻译的过程中,文化的疏导也有重大意义。文化疏导问题体现在词汇方面,学生主要表现为词汇空缺及词义联想。词汇的空缺及原文词语并没有与之相对等的中文词汇,无法用贴切的语言翻译出其准确的词义内涵。例如,中国的"抓阄",这是中国古时的传统习俗,但在西方并没有,因此,在英语中也没有相对应的词语,在翻译时只能采用释义的方法,用一个长句来解释该词语。词义联想都不同,不同的民族文化氛围、环境对事物及颜色等产生了不同的情感反应。实际的英汉互译,对翻译者的思维、价值观及语言审美能力等有一定的要求,需利用这些要素对语言结构进行合理调整,增强翻译句子的可读性。诚然,文化博大精深,单一的大学英语课堂教学无法全面系统地进行两者文化比较。因此,教师可适当结合教材内容进行扩展,引导学生进行文化对比，激发学生的探索兴趣，同时培养学生的自学能力。就目前情况而言，我国各高校所开设的英语课程主要涵盖了听、说、读、写几个领域，但许多院校还未曾设置专门的翻译课程，不仅影响大学生英语综合能力的提升，也不利于学生对于中西方文化差异的理解。语言翻译其实是不同文化的互相转化，不同语言所表现出的文化差异也比较大，学生想要更好地进行两种语言的互相转化，了解外语国家的文化基底就是一门必修课。因此，大学翻译课程中教师对学生的文化疏导课程也十分重要，关乎着学生翻译的精准性。

4. 提升教师的教学能力

大学英语教师是否具有扎实的语言基础，对于教学效果有很大影响，而教学效果会直接影响到学生的翻译能力。因此，大学英语教师不仅要巩固自己的语言基础，同时也要积极参与各个领域的翻译活动。要有意识、有目的性地来提升自身的翻译能力，提升教学效果必定要有强大的知识储备。例如，大学英语教师可以在学校开展的国际交流活动中，主动担任活动的翻译，来提升自身实际的翻译能力。在讲解大学英语翻译的具体内容时，教师要有全局观念。对于学生翻译能力的培养一定要循序渐进，要将一些基础简单的翻译技巧及相关理念传递给学生。同时，尽可能地为学生争取更多的实践机会，定期组织一些实践活动，将学生的参与度纳入英语成绩的考核，让学生能够从真实场景中掌握翻译能力，体验到语言翻译的魅力，同时也能提升学生参与英语翻译学习的积极性。另外，大学英语教师在利用新教学方法的过程中，除了关注学生的翻译实践能力提升，一定也不能忽视理论教学的重要性。翻译的理论知识在实际的翻译过程中，具有积极的指导意义。对于非英语专业，教师可以适当讲解翻译的基础理论知识，例如翻译的定义、标准、直译、意译形式和内容等。让学生对翻译理论有基础的了解，引导学生进入更深层次的学习，让翻译实践更加科学合理。对于许多非英语专业的大学生来说，英语是一门公共课程，并且其学时很少，导致很多学生没有养成正确的英语学习习惯，仅仅以应试的态度来对待大学英语学习。完成考试之后，许多学生便不再继续学习英语，缺乏明确的目标，对于英语学习并没有产生真正的兴趣，学习英语的动力非常不足。因此，学生自己也不会深究有没有学习到真正有用的翻译技巧。因此，无论是英语专业还是非英语专业都应该设置专门的翻译课程，同时也要丰富教学模式，不能够采用单一的灌输式教学法，要多用灵活的教学方法来引起学生对于英语翻译的兴趣。同时，可以建立小组进行交流合作，进行相关的知识分享，提升英语学习的趣味性，让学生感受到英语翻译的魅力。此外，大学英语教师也要改进评价体系。在应试教育模式之下，分数是判断学生英语水平的单一标准，该方式不利于学生英语能力的提升。教师可以在评价中多体现出对学生能力的考核，将学生的实践活动参与度也加入考核体系，从多方面来对学生的英语学习能力进行考察。

第二节 英语教学的作用

一、提高跨文化交际能力的重要渠道

（一）跨文化交际的重要性

跨文化交际有一个突出的特点是，虽然两人所处的国家与地域是不同的，但是在进行彼此间交流时只能选择使用一种语言，这就叫作语言的共同性。交流对话会将语言文化做出简单化处理，也就是通常所说的口头语言。跨文化交际最重要的一点就是语言交流不同国家，地区的语言使用具有极大的差异性，为实现彼此间的顺利沟通，要做好跨文化交际，首先，要对于不同国家的文化背景做出相应了解。这也对于大学英语教育课堂提出全新要求。通过大学英语教育，学生可以掌握英语语言知识，这是学生开展跨文化交际的基础。其次，学校不但要培养学生的听说读写能力，也要让学生认识外国历史，了解外国文化，这样也可以帮助学生对知识进行更深层次的了解。不但是语言类别的差异性，外国人的语序习惯与思考习惯都有极大的差异。为完成更好的文化交流，需要学生投入更多的精力参与到英语学习中。而英语教师也需要投入更多精力加强课堂教学内容设计，向学生讲述更多有关外国文化，比如国外的传统文化节日、国家特征、风俗民俗等。通过日常的学习让学生去感受到外国文化氛围，进而提升英语实际运用能力。

首先，跨文化交际的核心内容包括语言与文化，彼此相互作用，共同促进个人综合素质发展。要求高校学生在学习一门外语时首先要对国家的文化做出了解，这样才可以对语言语境进行明确的认知，更好地帮助学生学习。其次，高校培养学生跨文化交际能力，促进学生综合实力发展，进而间接达到促进我国跨文化交际能力发展的目标。英语教学没有固定的教学模式，但却有相对稳定的教学规律，教师可以通过文化的渗透，帮助学生更好地理解英语学习的本质和方法，而不是仅仅教授理论知识，而这种跨文化交际教学的实现，还能加强老师和学生之间的交流互动，增加课堂活力与吸引力。

（二）跨文化语境教学的意义

第一，提高大学生的语言学习能力。全球化进程的日益加快，打破了世界各国间的文化壁垒，有着不同文化背景的人们需要借助语言来实现交流，但由于不同国家文化的差异性，建立在跨文化语境下的交流难以避免地会存在一些误解。此外，在本国文化影响下成长的学生在面对国外文化势必会遵循惯有思维，以本国文化心理及认知去看待、理解国外文化的信仰、价值观、时间观、行为准则、认知模式等，所以难免会产生不理解或误解情绪。因此，当代大学生在学习英语这门语言学科时，不能忽视对其文化背景及文化传统的学习与掌握。在大学英语教学中增强跨文化教育，不仅可以帮助学生根据不同的话题、场合、语境、文化背景选择合适的语言形式，还可以培养学生理解、包容、尊重国外文化的能力，在跨文化语境学习下提高自身的语言敏感度，培养自身的语言学习能力。

第二，满足学生社会性发展的需要。当今时代是科技迅猛发展、信息急剧扩增的时代，人与人、人与社会之间的交流、联系与合作愈发密切、多元、多样，因此当今大学生应注重自身社交能力的培养，重视自身的社会性发展。增强跨文化教育，能提高学生跨文化交流、交际的意识与能力，实现与有着不同文化背景、不同信仰、不同观念的人之间的沟通、联系与合作，满足学生的社会性发展的需求。经济全球化、文化全球化既是当前的时代趋势，也是未来时代的必然趋势，实现与人、与社会的交流与合作是未来社会众人谋求生存与发展应当拥有的关键技能。跨文化教育中尊重差异、追求平等、提倡合作的理念与精神，使学生在潜移默化中获得了现代社会生存与发展所需的交流、联系、合作等能力，因此在大学英语教学中增强跨文化教育至关重要。

第三，实现文化交流与发展本土文化。交流的实现离不开语言这一关键媒介，同时语言的学习也是为了交流的实现。近些年来，互联网技术的发展使得世界各国之间的联系逐渐加强，身处不同国家的人们对彼此间的不同文化、传统、观念、准则的交流需求愈发迫切。为顺应时代发展趋势，教师在开展英语教学工作时，应重视对学生交际能力的培养，提高学生对该门语言背后文化及传统的掌握程度，只有具备优良的英语口语交流能力，才能在文化多元化发展的当下实现不同文化间的交流。此外，学生在学习语言过程中了解其背后的文化与传统，不仅可以接受国外优秀文化的熏陶，感受中外文化的差异，还可以进一步形成对本国文化的正确认知，建立对本国文化的自信，从而提高自身的文化素养，形成独立、健全的文化人格。

第四,顺应高等教育国际化发展趋势。21世纪的竞争是人才的竞争,培养具有创造与创新能力的跨文化人才是当前世界各国人才培养的核心目标。高等教育国际化突破了国界、民族、文化的限制,实现了不同国家、民族间文化的交流与融合,培养了具有跨文化、创造性意识的复合型人才,已逐渐成为不少国家谋求国际化发展、提升国际竞争力的"利器"。跨文化教育是高等教育的内容之一,在英语教学过程中增强跨文化教育,有助于激发学生的创造性思维,使学生跳出固定的思维模式去感知不同国家的文化与理念,采取创新性的方式运用所学知识与技能,从而培养出具有跨国交流与合作能力,对国外文化有着深刻理解的国际人才,顺应了当前高等教育国际化的发展趋势,顺应了世界各国对国际型人才的需求。

(三)跨文化语境教学的策略

第一,营造文化情境,体验中西文化差异。要培养跨文化交际能力,首先需要让学生养成跨文化交际意识,形成语言思维。母语是学生记忆中最深刻的语言,母语思维自然影响学生英语表达能力。英语同汉语的语言逻辑和思维有一定差异,如何完成这种语言思维的转变是英语教学的重要任务。因此,在大学英语教学中,教师要及时提醒学生文化异同现象,引导他们进行中西文化差异比较,自觉并自然地将中西文化差异如语言表达、思维方式、文化习惯、生活方式、价值判断、道德准则、文化审美和政治法律等渗透到大学英语教学中去。

第二,强化多媒体应用,拓宽学生视野。随着信息化教学手段广泛应用于课堂教学,外语教学也不断思考如何应用信息化教学模式提高教学质量。在英语学习中,语言环境非常重要,语言环境会倒逼学生用英语表达自己的需求,使学生逐步养成英语语言思维,这也是为什么在英语语言国家交流学习后的师生英语能力通常都有质的提升。互联网背景下,信息技术可以用来丰富教学内容,教师可以营造文化情境,使学生更快地进入学习状态。在信息化教学技术帮助下,课堂融合视频、音频,可以有效调动学生兴趣,启迪学生思维,对学生产生潜移默化的影响。如将微课、翻转课堂式等教学模式融入英语职业教学中,用多媒体技术创设生动有趣、立体化的情境,增强学生语言学习环境的体验感和带入感,让学生准确地把握知识。应用信息化技术,可以在课堂上插入跟所学知识或话题密切相关的电影、电视片段或图片,让学生了解西方社会文化、艺术和风俗。

第三,让学生多掌握一些英语俗语。每门语言经过历史的积淀发展出一些通俗又生动的俗语,描绘人情世态。在英语中,这种俗语被称作"idiom"。这些俗语是劳动者在长期使用中形成的固定说法，具有鲜明的地域特色和文化内涵。掌握俗语的应用能力对提升文化交际能力具有重要作用。教师可以在日常教学中给学生补充一些英语俗语，让学生了解具有特色的语言表达，从而升华学生对英语文化的理解，培养学生的英语兴趣。

第四，介绍词汇、语句文化背景。词汇作为语言最基本的构成，也具有特定的文化内涵。在教学中，教师对词语的讲授也应包含词语的文化背景介绍。在具体篇章的教学中，融合文章的政治、经济、文化历史进行介绍，帮助学生认识文章所表达的意图。

第五，推荐合适的阅读材料。阅读是了解英美社会的一个重要途径，报刊是对社会问题和社会现实情况的反映，杂志集娱乐与价值判断于一体，而文学作品则反映广阔的社会时代背景和所代表的文化。阅读材料的选取由易到难，比如，初期提供英语报纸、文摘等材料给学生阅读，后期提供小说类材料，如莎士比亚作品集，由易到难，培养学生的思维性。

第六，多渠道、多手段体验西方文化。首先，充分利用外教资源。学习英语的最终目的是为了交流。为了更好地帮助学生学以致用，应该充分利用学校的外教资源。目前绝大多数高校都配备外教，而外教本身就是其民族文化的缩影。可以由外教定期举办不同主题的"英语角"，提前以海报、通知等形式宣传，让学生参与并积极与外教交流互动。另外，可以让学生以组为单位轮流帮助外教在中国的日常生活、出行等，给他们提供课外接触英语文化的机会。其次，组织一些课外实践活动。在一些西方重要节假日举办一些英语文化活动，邀请学校的外国学生或者外教参加；组织学生到外商企业实习，在企业文化中感受不同民族的文化差异，在这些课外实践活动中，学生直接接触到不同文化背景的人，体验文化差异，强化文化差异认知。另外，看英文电影、电视。电影、电视是了解西方社会文化的一种有效手段，教师可以给学生推荐一些内容健康，积极向上的有关西方文化的电影、电视，使中西文化差异以一种立体的形式展现给学生，一目了然。

第七，强化非语言交际能力。锻炼我们的面部表情、手势、其他身体部位在我们与他人交谈时，也在传递信息。我们把这些动作称为"非语言交际"。"非语言交际"同语言一样，都是文化的一部分，非语言交际中用到的微表情、行为动作都体现了一种文化。非语言交际受文化背景影响，不同民族有不同的非语言交际方式。例如，我们会听到西方妇女抱怨中国人用手触碰她们的孩子。中国文化中表示亲近和爱抚的拍拍或是亲亲孩子，被西方母亲认为是无礼的动作，会引起对方强烈的反感和厌恶。因此，要用英语进行有效交际，会熟练口头表达的同时还要理解对方的非语言交际所传达的信息。在跨文化交际中必须重视中西方非语言文化内涵差异。

二、提升思辨能力的重要渠道

（一）思辨能力培养的必要性

思辨能力是学生了解自我，并帮助自己不断提升的重要手段。思辨能力有着明显的批判意义，在教学过程中，通过教师的引导，学生可对假设和部分存在争议的观念展开分析，并结合以往所学知识，来判定思维的走向，确定问题解决和思考的方式。而对于学生思辨能力的培育，需要教师结合多学科理论内容，并利用灵活的方式来锻炼学生思辨的品质，使学生习惯利用思辨的态度来看待问题，并对问题进行多角度和深度的思考，着重发展学生的思维能力和良好的学习习惯。

（二）思辨能力的培养策略

第一，积极转变英语教学理念和模式，鼓励学生敢于质疑和提问。传统的高校英语教学模式大部分以教师为中心，围绕教师开展教学活动，忽略了学生学习主动性、英语创新意识、创新能力和学习兴趣的培养，导致学生英语思辨能力、学习能力等发展受到局限。因此，要积极转变英语教学理念和教学模式，打破传统"应试教育理念"和"满堂灌""填鸭式""一言堂"等教学模式。积极引入素质教育理念与现代化教学手段，给予学生课堂辩证思考、创新思维和质疑的机会，鼓励学生挑战权威，以此来培养学生批评性的思维习惯。首先，高校英语专业教师应树立"以生为本，因材施教"的育人理念，将学生作为课堂教学的主体，尊重学生课堂学习感受，以培养学生思辨能力为目标，有意识地提出一些难度系数较高，需要发挥学生思维想象力的问题。并鼓励学生以小组合作学习的方式，通过对教师提出的问题展开探究、讨论和交流来获取解决方案，以此为培养学生的思辨能力奠定良好基础。同时，在设置英语教学问题时，需要教师尊重学生的个体差异，按照不同学生的英语知识基础、英语水平及思维能力等，将教学问题设置得循序渐进、有梯度、有层次、有差异，以此来满足不同学生学习需求和发展需求。其次，高校英语专业教师还应适当引入符合学生思辨能力培养需求、备受当代大学生欢迎的现代教学手段，如翻转课堂、微课慕课、在线课堂、线上线下混合教学模式、案例教学法、任务驱动法等教学模式和方法。利用多样化的教学方法吸引学生在课堂中的注意力，有效提升学生课堂学习的主动性，让学生自主进行学习，然后在教师的引导下发现问题、思考问题与解决问题，从而实现对学生思辨能力的培养。此外，高校英语教师还应加大实践教学力度，注重多组织开展一些主题式英语竞赛、英语演讲比赛、跨文化交际活动等，以竞赛和跨文化交际的方式，引导学生多与外国友人交流，以提升学生跨文化交际能力，减少"中国式英语"现象，提升学生的思辨能力。

第二，注重改革英语课程内容和体系，提升大学生英语掌控能力。英语课程内容体系是培育高校大学生思辨能力的关键因素，为有效提升学生的英语掌控能力，带动思辨能力提升，必须要注重改革英语课程内容和体系，打破英语教材内容严重滞后的现象，保证高校英语课程内容和体系与时俱进地更新与完善，符合当代学生的发展需求。首先，高校在选择英语教材时，应加强对教材内容的甄别和筛选，避免选择的教材内容过于落后，保证教材内容符合当代学生的学习需求。同时，高校管理者应树立创新意识，具有前瞻性眼光，需要保持及时更换教材的思维，切记不可为方便教学或减少成本支出，而一直使用落后的教材与教案。其次，高校还可鼓励英语专业教师自行编写教材，积极参与教研教改活动，引导教师在编写教材时，不但借鉴以往的教材，而且以比较具有时代特征的教材作为参考。之后再利用大数据分析处理技术，在网络中广泛搜索现代化英语教学资源，将这些教材的优秀之处进行整合，编写出全新、具有科学性、符合学生发展的英语教材。

第三，创新课程评价标准与考核机制，确保思辨能力培养落到实处。以往的高校英语考核机制往往是以单一的终结性评价为主，在一定程度上阻碍着高校学生思辨能力的培养。所以，若想实现对高校学生英语思辨能力的有效培育，就必须积极创新课程评价标准与考核机制，改革现有测评体系，优化考核方式，将思辨能力囊括在内，进而才可保证考核评价结果具有全面性，符合思辨能力培养要求。创新课程评价标准考核机制，转变以往仅考核学生听、说、读、写和译等标准，也应当重视考核学生的英语语言表达的逻辑性和思维性，重视考核学生的创新思维能力，评价学生写作表达的思想观点，论述的逻辑性是否清晰等，以此来利用评价标准和考核机制，推动对高校学生思辨能力的培育。此外，还可适当减少客观题的数量，增加主观题的比例和分值，来提升学生的主观能动性，将思辨能力培养落到实处。

第四，加大英语教师培训与再教育力度，提高学生思辨能力培养效果。英语专业教师是推动学生思辨能力提高的重要因素，同时也是保障高校可持续发展的核心力量。为此，在高校英语教学中培养学生的思辨能力，需要加大对英语教师的培训与再教育力度，引导英语教师不断提升自身实力，不断发展，通过持续努力和学习，提升自身的思辨能力，然后再利用自己的识别能力去引导学生进行学习，以此为培养学生思辨能力打下良好基础。首先，高校应定期组织学术座谈会、学术讨论会、学术比拼大赛及教研教改工作等，引导英语教师参与其中，不断进行专业知识学习、教学经验扩充和思辨能力提升。其次，高校还应为英语专业教师提供更多再教育的机会。在此过程中，为保证教师能够积极参与此类再教育活动，学校可通过设置相匹配的激励措施，比如升职加薪、品质评优、薪资待遇等等，来吸引英语专业教师积极参与此类培训活动，以期达到良好的培训效果。

三、培养语言能力的重要途径

（一）培养语言能力的重要性

长期以来，高校英语教学的重心都放在知识和技能的传授方面，强调对西方英语文化的有效传播，促使学生了解不同背景下的英语知识与文化。不过在实践方面，英语教学依旧存在诸多不足，其中最关键的一点就在于对学生语言能力的培养不到位。对高校学生而言，他们在英语学习过程中，一定要实现语言能力的全方位发展，不管是语言理解能力还是语言表达能力，都要在听、说、读、写、译的过程中得到有效运用，唯有如此他们才能真正做到理解英语、掌握英语和运用英语。如果学生的语言能力，尤其是语言应用能力较差，那么他们的英语学习往往只会停留在形式层面，并不能有效实现培养全球化背景下的跨文化交流人才这一目标。

在高校英语教学中，进阶性地对学生的英语语言能力进行培养，能够促进学生英语核心素养的全面发展，并引导学生逐步成长为高素质的跨文化交流人才。通常高校英语教学将学生语言能力划分为三个水平，其中最基础的一级水平是指能够对英语语言知识进行有效把握和运用，同时在听、说、读、写等方面实现一定程度的突破，能够熟练运用英语进行理解和表达，有效接收和传递信息。而中间的二级水平则是指学生不仅要理解基本语义，更要对语言中蕴含的思想、情感、态度、价值、意义等加以探究，能够实现中文和英文的有效互译，从语言认识、语感、语言理解、语篇能力、语言表达、语言交际等多个层面做到流畅运用。至于三级水平则是指大学生需要灵活掌握英语知识、技能、文化等，形成科学的英语思维，全面发展逻辑思维能力、人际交流能力等。学生不仅要熟练运用英语展开交流，准确理解和传达信息，更要对英语文化中的不同内涵、意义等进行挖掘和把握，真正做到跨文化交流。只有把三级水平作为长期性、持续性的培养目标，不断引导学生发展语言能力，才能促进高校英语教学水平的持续攀升，充分满足"双一流"建设、跨文化交流发展的实际需求。

（二）语言能力的主要内容

第一，语言基础知识。英语教育下学生的语言能力所包含的内容比较多，包括学生的语言基础知识、学生的口语交际技巧、学生的语言修饰能力等。要促进学生的语言能力发展，必须要丰富学生的语言基础知识，学生的语言基础知识水平影响着其语言表达水平。在英语教育中，学生的语言基础知识包含两方面，分别是词法和句法，学生应当要准确掌握不同的语法和句法表达方式，才能确保语言表达的准确性。

第二，口语交际技巧。口语交际技巧是学生英语语言能力的重要组成内容，当学生具有一定基础的语言知识，就可以形成一定水平的语言交际能力。口语是最常见的交际方式，但是口语交际又不是一个简单的过程，针对同一个事物，采用不一样的表达方式，并且在不同的语言环境下，都会传递出不同的意思和理解，从而导致表达者不能准确地表达出自身的意思。而且不同的人，性格不同，所选择的表达方式也不一样，部分会采用直接的表达方式，部分会采用婉转的表达方式，而不同的表达方式所使用表达技巧都不同。所以，学生必须要掌握不同的表达技巧，才能在不同的场景中更加恰当地表达出自己的意思。要提高学生的口语表达技巧，不仅要求具备丰富的语言基础知识，更要求学生注重日常生活和学习中的交流积累和感悟，从而更好地提升自身的英语表达能力。

第三，语言修饰能力。不管是口语表达方式还是书面表达方式，都需要对语言进行修饰，这样才能确保表达更加得体。在开展英语语言教育中，教师要重视对学生语言修饰能力的培养，引导学生在用英语表达自身的情感时，借助不同的语言修饰手法来完善表达内容，确保交际对象能够准确地了解自身所表达的意思和情感。要进一步提高学生的语言表达能力，提高学生的语言修饰能力十分重要，通过合理使用不同的修饰手法，可以使得表达和沟通更加有效。

（三）语言能力的培养策略

第一，打造高质量的教师队伍。要想在高校英语教学中对学生的语言能力进行有效培养，那么教师自身的综合素养一定要足够高。针对部分教师对语言能力培养重视不足、教学理论和方法掌握有限、英语应用水平不高等问题，高校应当积极采取相应措施和手段加以改善，着重打造高质量的教师队伍，更好地支持英语语言能力培养工作有效落实与开展。高校应当对不同学院、不同专业的英语教师的综合素养提出明确要求，包括教学观念、英语知识、英语技能、英语应用能力、跨文化交际能力、信息技术素养等方面，以直观明确的指标性要求指导英语教师招聘、考核及培训等工作的开展，确保所有在任教师都能够充分胜任学生语言能力培养工作。

第二，引导学生自主学习探索。要想促进学生语言能力的持续良好发展，必然需要学生主动参与、积极配合、自主学习与探索。充分发挥学生的主观能动性，让他们成为自身学习的主人。唯有如此，高校英语教学的作用才能被充分发挥，让学生在听、说、读、写、译的过程中逐步进行自主挖掘与探索，实现语言能力的全面发展。这意味着教师需要在实际教学中更加关注学生语言能力的综合发展，同时为学生创造更多的自主学习机会，从根本上改变传统的主导式教学理念，鼓励学生自主探索。在学生需要帮助时，教师积极提供支持，尽可能地营造良好的学习氛围，让学生能够在自主探索中逐步发展综合语言运用能力。

第三，重视英语思维习惯培养。英语语言能力是一个极为宽泛的概念，其不仅仅包括基本的听、说、读、写等语言技能，还包括对交际身份的认识，诸如语言输入、理解、输出及和他人的实时互动，都是语言能力构成要素中不可或缺的重要部分。而要引导学生实现语言能力的全面发展，需要先确保其具有良好的英语思维习惯。学生从小成长于汉语环境，习惯了汉语思维，在思考问题时会不由自主地从汉语层面出发展开思考。固然，汉英互译是英语语言能力的重要部分，也能在很大程度上完成对问题进行思考和解决的目标，不过却无法从根本上保障实际效果。一方面，汉英互译这一过程会浪费不少时间，成为学生语言应用过程中的一大阻碍；另一方面，汉英互译可能会导致信息理解和表达存在差异，进一步影响语言应用。因此在高校英语教学中，一定要高度重视对学生英语思维习惯的培养，引导学生突破汉语思维的限制和桎梏，让学生在思考和解决问题的过程中从英语出发，进而有效提升语言能力。

第四，促进课堂英语文化融合。语言是文化的载体，从某种程度上来说语言是为文化服务的，不同的语言往往会孕育出不同的文化。而学生要想实现英语语言能力的全方位发展，不仅要掌握最基本的英语知识，提高语言理解和表达能力，更要对英语文化有一定程度的认知和把握。教师必须打破传统教学模式的桎梏，不再局限于简单的讲解式教学，而要在为学生提供更多自主学习和探索机会的同时，促进课堂英语文化的有效融合，让学生在英语学习中能够更多地从文化层面进行理解、感受和体会，让学生充分把握英语文化所蕴含的魅力。只有这样，才能促使学生形成科学、正确的文化观念，让学生对汉语和英语乃至其他语言文化的关系有正确把握，增强学生的文化自信，引导学生在跨文化交际中做到适宜得当，兼顾语言和文化的同步发展。

第五，提供跨文化交际实践机会。跨文化交际能力的发展是高校英语教学中培养学生语言能力的重要部分。从某种程度上来说，跨文化交际能力是听、说、读、写等基础语言能力的综合，学生只有在这些方面实现基础能力发展之后，才能在跨文化交际中与他人进行灵活、有效的交流和沟通。在英语教学中，教师需要为学生提供大量的跨文化交际实践机会，让学生能够有更多的机会与他人进行交流，在实现听、说、读、写等能力发展的同时，培养学生的人际交往能力、合作能力、理解能力、文化宽容性等，促使学生更好地与其他国家和地区的人进行跨文化交际。在信息化背景下，教师还可以充分利用互联网优势支持跨文化交际能力培养。通过互联网渠道，为学生提供跨文化交流机会，让学生在纯正的英文环境下不断进行跨文化交际实践，在长期学习与探索中逐步实现语言能力的综合化发展，有效提升学生灵活运用英语进行交流的能力。

第六，发挥教学评价导向作用。与之前以英语知识传授为核心的教学模式相比，强调语言能力发展的英语教学在评价方面更难落实。这是因为英语语言能力涉及诸多内容，其中就包括大量难以有效量化的内容，无法直接通过简单的量化方式进行准确评价。高校应当运用定性与定量相结合的方式，对英语知识、技能等进行定量评价，对学生的听、说、读、写等基础能力进行较为客观、准确的考核评价。而在更为复杂的英语思维习惯、跨文化交际能力等方面，则可以采取定性评价的方式，通过等级划分来实现对学生语言能力的等级化评价，尽量在可行的方式中实现客观评价。另外还应当充分发挥评价的作用和价值，以评价结果作为学生英语语言能力发展的重要依据，及时帮助学生发现问题，实现语言能力的全面发展。

第三节　英语教学的特点

一、教学目的的全面综合性

中学英语教学为打基础的阶段。而中考和高考这一阶段主要强调的是"双基培养"，使学生获得基本的语音、语法和词汇，以及培养学生基本的听、说、读、写技能。而大学英语则是在此基础上全方位提高，重点培养英语的交际功能，即学生的听说能力。除此之外，大学英语教学还增强学生的自主学习能力，要求学生综合运用英语这门语言，运用英语提高自身的综合素质，使用这门工具与他人进行思想沟通，交流信息，实现英语学习的终极目标。

二、教学方法的多样性

教学目的的不同必然导致教学方法千差万别。在中考和高考"两座大山"的压迫下，中学英语教学均以应试为最终目的。而且，衡量好课堂的唯一标准似乎就是升学率。教师就是课堂的中心，课堂上给学生灌入大量的语法及词汇知识，在标准的"填鸭式"教学下，学生只能被动地接受。大学英语教学截然不同，强调学生运用语言的能力，提高听说能力的前提下，读、写、译也一样都不落下。教师与学生的角色互换，教师不再是课堂的中心，学生才是。除了向学生传授语言知识和技巧外，教师更重要的作用是引导，培养学生利用语言作为交际工具的能力。

三、教学过程的互动性

中学教学过程以教师讲解、辅导为主，学生听课，很少自学；大学英语教学中教师主要起到"引路人"的作用，激发学生的学习兴趣，调动学生在课堂上的参与，以多种多样的课堂活动促使学生多自学，并提高其自学能力。中学课堂以语法讲解、词汇扩充为主，以达到应试的目的。大学课堂中语法、词汇早已不是重点，强调的是语篇教学，即在文章的内容中分析词句、分析人物性格、事件的来龙去脉、总结文章主题思想。语篇教学旨在提高学生运用语言作为交际工具的能力，注重听说训练，常会采用情景、功能、交际、翻译等教学方法。

四、课堂教学娱乐化

在当前新媒体的全新背景下，英语的工具性和实用性越发重要。在当前大学英语教学改革中，教师一直致力于教学方法的改变，尤其是在新课程教学改革的推进中，以"学生为主题"的教学模式越发深入人心，互动教学法、角色扮演法、情境体验法逐渐成为课堂教学的主流教学手段，而传统的语言讲授教学法、课件教学法及阅读教学法因为存在着很多的弊端，逐渐丧失了在课堂中的地位。不过，虽然全新的教学方法不断被推崇，但是在实践过程中也暴露出来一系列的问题。其中，大部分学者认为这些教学方法的应用导致课堂教学工作不再是一件严肃的事情，而是更加倾向于娱乐化。在新媒体辅助的全新教学方法出发点是好的，但是想要提升所谓的学生兴趣或者激发他们的英语学习积极性，并非依靠一两个英语视频或者一两次英语游戏就可以达到这种目的的。在新媒体环境下，需要把握如何更加高效地使用新媒体教学的问题，避免出现教学过度娱乐化的现象出现，而是回归到教学的本质。

第二章　教师的职业素养

本章为教师的职业素养，共分为四节。第一节为教师的职业道德，第二节为教师的专业知识，第三节为教师的教学能力，第四节为教师的职业规划。

第一节　教师的职业道德

一、师德的概述

（一）师德的内涵

师德，即教师职业道德。师德应取其狭义的理解，即师德就是教育教学工作者在人才培养、科学研究、学校管理等方面所应当具备的道德品质和应遵守的行为准则。

师德是教师的内在自我约束，主要由师德原则、师德规范和师德范畴三个要素构成完整的体系，涉及范围广泛，通过教师的"德""业"及对待不同的关系主体的道德规范来体现出来。第一，高校教师需要具备较高的道德修养，遵守职业道德规范要求，立德树人，以德育德。第二，高校教师需要热爱教育事业，具有崇高的职业理想，扎实的学识涵养，较强的教书育人能力，能够以人为本，以身作则，潜心育人。第三，在对待学生方面，高校教师要能够真正关心关爱学生，以学生的成长成才为出发点和落脚点，促进学生的全面发展。第四，在对待同事关系上，高校教师应加强与同事之间的协作和交流、互相学习，互相督促，共同致力于国家高等教育事业的发展进步。第五，在对待学术方面、高校教师应遵守学术道德，恪守学术规范，以踏实严谨的态度，潜心钻研，坚决抵制任何形式的学术不端行为。除此之外，还有在对待上下级关系、教辅人员、家长、自己等方面的道德规范要求。总之，不能将师德规范割裂开来看待，而是站在宏观的角度系统把握。

（二）师德的特征

1. 历史性

在古代儒家思想中，主要是通过教师对学生的启发教育、以身示范等体现教育者良好的道德情操。2011年，教育部等印发的《高等学校教师职业道德规范》中指出，高校教师的职业道德规范包括爱国守法、敬业爱生、教书育人、严谨治学、服务社会、为人师表六个部分。在新时代，习近平总书记提出"四有"好老师，即有理想信念，有道德情操，有扎实学识，有仁爱之心，师德的内涵又进一步得到丰富和发展。由此可见，师德的内涵并非一成不变的，作为一种特殊的意识形态，在不同的历史时期，师德的内涵也各不相同。

2. 继承性

师德内涵的发展的脉络是批判地继承和吸收教师职业道德发展历史过程中的一切合理、积极因素，随着社会的进步而不断赋予新的意义和内容。例如：古代倡导教师在社会发展的过程中发挥重要的道德榜样作用；教师不仅要擅长学习新知识，还要学会如何传授给学生；社会形成尊师重教的良好氛围的最终是实现国治民安等，这些好的师德观念一直被传承下来并得到不断的发展。

教师的教育主体是学生。在教学过程中，复杂的情感可能会被作为部分教师的教具之一。可以说，如果这部分教师具备高尚的道德情操和品德意志，将会激发大学生的学习积极性与主动性，从而激发大学生内心深处潜在的优良品质，以此帮助他们形成良好的个人品德。

3. 自觉性

自觉性体现为教师的自我约束。从事教师的工作具有传授知识和行为示范的责任要求，因此，对职业责任的深刻理解是形成师德自觉的前提。教师能够通过职业道德的自我约束，主动将践行教育和示范的使命贯穿于教育教学的过程中，更好地为政治统治服务，是师德自觉性的核心体现。

师德是教师对自我表现和自我行为的克制，是一种自律的精神素质，它自觉地实践教育过程中的一切优良原则和良好德行，且善于自检、自查、自省。教师的教育过程主要基于个人的心理活动和精神状态，基本上是不受外界环境监督的。因此，教师是否认真教学，是否热爱学生，是否平等对待每个学生，这些全都取决于教师的自律精神品质。特别是教师面临的大学生个体具有高度的塑造性和极大的可能性，他们的习惯方式和思维方式都处于逐渐发展的过程中，这就凸显出了教师的一言一行更有影响力。因此，教师要严格自律，加强自律精神的培养，为大学生塑造一个良好形象。

4. 导向性

其一，师德的导向性是指教师职业道德规范对教师的道德活动起引导作用，教师职业道德规范作为一种行为准则，明确教师不能做什么，应当做什么，具有明确的导向性。其二，教师作为与学生之间紧密联系的人群，其所言所做对学生都具有导向性的影响。教师的职业道德不同于一般意义上的职业道德，不论是在私德还是公德方面，一旦出现问题，就会产生较强的社会影响力。教师自身的职业道德对学生的发展、教师自身的干事创业、教师队伍的建设和发展、学校的文化氛围及社会的文明建设都具有深远的影响。教师良好职业道德能够为学生的发展树立道德榜样，为自身发展提供坚实基础，推动学校良好学风、教风的形成，也能够推动营造健康、积极向上的社会风气。

高尚的师德是对大学生最生动、最具体、最深远的教育。一方面，"深"的影响，体现在对大学生思想的潜移默化性，塑造了大学生的独特品格和优良素质。另一方面，"远"的影响，它可能伴随着大学生一生的成长和发展。

（三）师德的内容

基于时代的创新发展浪潮，传统师德的内容在某些环节上肯定不适用于加强新时代的师德建设。因此，新时期的师德建设，一方面，必须要尊重人类社会的文化发展规律，不能够空穴来风。另一方面，也要符合新时代、新时期加强师德建设的新目标、新原则。在此基础上，师德的重要内容应包括。

第一，坚持正确的思想观念和理想信念。在教育过程中，教师肯定会面临一系列的冲突与矛盾，这就要求教师必须坚持正确的思想观念，以保持自身思想的纯洁性，从而使这些冲突与矛盾得到有效解决。此外，要求教师必须具备较高的理念信念，尤其是在面对大是大非关系到国家的荣誉、民族的进步时，教师必须保持着至真、至纯、至善的理想信念，为大学生树立良好形象，从而对大学生的人格和品德形成施以积极的影响。

第二，为人师表、敬业奉献。从教师的职业身份而言，必须要让教师清楚地认识到自己的本职工作是做什么的，对社会的发展和学生的发展而言，自己的身份到底有何作用。因此，究其本质来说，如果要加强师德建设，则要使教师认识到自身的职业定位和角色定位，从而在为人师表、敬业奉献及教学工作等方面具有一定的积极性、主动性，为良好师德的形成提供肥沃的土壤。

第三，严谨治学。教师在学术研究过程中，除了拥有自主学习能力之外，还得具备谦逊的态度和严谨的作风。

第四，知行合一。教师提升个人涵养的过程中，绝不能脱离认知、情感、意志、行为这四个要素，而且，还要将其作为衡量素质高低的标准之一。教师在进行教育的过程中，具有极强的示范性和榜样性，要将说的与做的相统一，也就是内化于心，外化于形的过程。

二、师德建设概述

（一）师德建设的内涵

教师职业道德是教师在教育教学工作中应具备的道德品质和应遵守的行为准则，除了教师需要加强自身职业道德修养，还需要采取一系列措施对教师的职业道德行为进行约束和规范。师德建设就是提升教师道德及对职业道德规范开展建设的过程，其目的是通过一系列的"软"约束与"硬"约束措施，使教师的"德"符合其职业道德规范的要求。师德建设不是一个静止不变的状态，而是一个发展着的、变化着的、逐步优化的动态过程，主要表现在师德相关的制度建设、机制的构建与完善、氛围营造方面的过程与程度及建设保障的水平等。通过建立有效的师德把关机制、教育与宣传机制、领导机制、惩处与激励机制等，严格师德管理制度，营造浓厚的师德文化氛围，以及为师德建设提供政策、人才、场地、资金、法律等保障措施，引导教师学习马克思主义理论最新的知识内容，党和国家的方针政策，自觉践行社会主义核心价值观，树立坚定的职业理想信念，爱党爱国，遵纪守法，敬业爱生，为人师表，形成良好的职业道德，以培养社会主义合格建设者和可靠接班人为己任，不断地提升教书育人的能力和水平，培养出德智体美劳全面发展的学生，更好地为社会主义现代化建设的发展服务。师德建设属于教师思想政治教育的重要内容之一，师德建设是一个综合性较强的系统工程，为实现师德建设的既定目标，不仅需要各个部门相互配合，各个环节相互衔接，互相协调，还需要教师自身的不断学习和进步，使自己的"德"符合职业道德规范的要求。

（二）师德建设的特征

师德建设的目标是推动教师以更加高尚的职业道德水平、较高的思想政治素质，扎实做好教书育人工作等，使全社会形成尊师重教的良好氛围。教育的根本任务是培养社会主义合格建设者和可靠接班人，因此，一般来说，我国的师德建设具有政治性、整体性、示范性和约束性的特征。

1. 政治性

师德建设具有政治性特征。我国是中国共产党领导的社会主义国家，党和国家始终遵循的指导思想是马克思主义，我国的教育事业也是社会主义教育事业，党对教育事业的发展是全面领导，教育所培养的建设者和接班人也必定是坚决拥护党的领导，拥护中国特色社会主义制度的发展，努力为社会主义现代化建设发展服务的有用人才。我国的国家性质及教育事业的根本任务决定了师德建设具有鲜明的政治性特征。通过加强师德建设，提升教师的政治理论素养，使教师具备坚定的马克思主义信仰、共产主义理想、中国特色社会主义共同理想，使教师的言行举止符合社会主义核心价值观的要求。

2. 整体性

师德建设具有整体性特征。一方面，师德建设的内容具有整体性。师德建设包括制度、机制、氛围，以及保障等诸多内容，形成一个完整、关系紧密的系统，不可分割，统一于师德建设之中。任何一个部分都不能单独成为整体，任何一个部分的变化也都会带来整个系统的变化，具有较强的整体性和系统性特征。另一方面，高校教师的职业道德规范具有整体性。爱国与守法，敬业与爱生，教书、治学、服务社会、为人师表与育人都是相互统一的，作为高校教师既要爱国，又要守法；既要敬业，又要爱生；既要教书、严谨治学、服务社会、为人师表，又要育人。因此，教师职业道德规范的六个方面又构成一个不可分割的统一整体，从对党和国家、他人（学生）、自己及职业的维度进行了全面的整体性规定，缺一不可。因此，这一方面也说明了师德建设的整体性特征。

3. 示范性

师德建设具有示范性特征。"学高为师，身正为范"，教师在教育教学活动中所表现出的个人品德、职业道德对学生的道德品质的形成和发展具有直接的影响，且影响范围广泛，持续的时间较长。学生正处在"三观"形成的重要阶段，教师在工作和生活中所展现出的道德修养对学生的认知和判断具有较强的示范性，通过师德建设，推动教师以自身高尚的道德节操和品行示范，教育和影响学生，培育出优秀的社会主义合格建设者和可靠接班人。

4. 约束性

师德建设具有约束性特征。开展师德建设最终的落脚点是对教师的职业道德行为进行规范和约束，并达到预定的目标。一方面，通过道德规范、氛围营造等方面对教师的职业道德进行"软"约束，对教师的职业道德实践活动进行一种基本的限制或节制，但在这种"软"约束的状态下，教师的个人职业道德实践活动是相对自由的。道德规范作为理性的表现形式，最终是通过理性的外在约束力表现出来。另一方面，通过管理、规章制度、法律法规等"硬"约束，明确教师职业道德的哪些行为是禁止做的，哪些行为是必须做的。通过外在强制力约束来实现教师职业道德的行为符合集体、社会发展的要求。

（三）师德建设的任务

1. 加强教师思想政治教育工作

教师肩负着为社会主义培养合格人才的使命，作为学生的引路人和指明灯，要培养学生德、智、体、美、劳全面发展，使学生具有坚定的政治立场、较高的政治素质，教师自身首先应是中国特色社会主义的拥护者、社会主义核心价值观的积极践行者。新时期，国内外环境复杂多变，西方思潮与市场经济带来的负面影响冲击着人们的价值观念，加强高校教师的思想政治教育更具有紧迫性与现实意义。加强高校教师的思想政治教育，要使高校教师具有坚定的政治立场，良好的政治素养，支持中国特色社会主义，支持党的领导，具备正确健康的世界观、人生观、价值观，拥有良好的职业道德素养及健康的身心状态。

2. 落实师德师风建设长效机制

近年来我国高校师德师风建设取得了丰硕的成果，高校师德师风建设的内容涵盖了教师准入退出机制、教师思想政治教育、教师职业培训、教师心理健康等多个方面。然而，在新时代的背景下，高校师德师风建设面临许多新问题、新情况与新挑战，还存在许多薄弱与不适应时代发展的环节。对此，多项关于高校教师师德师风建设的文件从体制机制的角度强调要加强高校师德师风建设。高校师德师风体制机制建设包括教师的教育、宣传、考核、监督、激励、惩处等工作模块，是一个系统性的工程。作为顶层设计的制度性文件《关于建立健全高校师德建设长效机制的意见》要求完善高校师德师风体制机制建设。高校作为师德师风建设的主体，既要落实好师德师风长效机制建设工作，又要严格执行体制机制工作中的各个模块。教师是教育事业的基础力量，决定着教育事业的兴衰，教师质量的好坏决定着人才培养质量的好坏。

3. 完善师德师风考评监督机制

师德师风考评与监督机制对于高校教师的师德师风建设具有导向、激励的作用，日常工作中的考评与监督，能够促进高校师德师风建设的制度化与常态化。当前，教育部门及各地高校虽然设立了师德师风的考评与监督机制，也根据教师的考评与监督制订了相关的规章制度，但关于教师师德师风建设的考评与监督制度往往停留在文件层面，执行力度不够，缺乏行之有效的监督标准和执行措施，没有发挥其真正的导向、激励、规范作用，高校师德师风考评与监督制度形同虚设。在考评制度上，我国的师德师风考评机制不完善，教师的师德师风修养往往是关爱学生、为人师表等软性标准，在界限上很难有具体的衡量度，相比于显性的科研成果、课时数量、技术任务等，关于师德师风的考评没有明确的考评标准。对于高校教师的考评侧重于科研任务量等显性方面的考核，往往是"一手软、一手硬"，而对于高校教师的职业理想、职业态度、师德师风等隐性条件在实际操作中往往占有非常小的权重，甚至被忽视掉。在高校师德师风监督方面，首先，监督力度不够，在师德师风建设中，人们对教师有较高的期望，对于教师的德行往往认为自律比他律重要，但是近年来，高校教师师德师风问题频发，高校对教师的监督更多停留在课堂教师是否早退迟到等表面浅显的问题上，对教师的师德发展监督力度不够。其次，监督的主体不够多元化。高校教师应该接受来自学校督导部门、学生群体、同事、单位、家长等多方面的监督，但是目前高校教师缺乏有效的多主体监督的机制与模式，监督主体主要来源于学校的督导部门与学生的期末评价，部分学生群体也缺乏权利与监督意识，高校教师的监督主体单一。对此，《国家教育事业发展"十三五"规划》要求将师德放在教师考核监督的首要位置，创新考核机制，实现个人、同事、领导、学生多主体考核监督相结合，同时将师德考核作为教师日常考核与晋升的首要参考依据，对于师德表现不合格的教师给予一定的惩罚，严格实施"一票否决"制度。完善高校师德师风考评监督机制，首先，应制订界限明晰的师德师风考评标准，尽量明晰与减少"模糊地带"；其次，师德师风的考评与监督要实现主体多元化，探究多主体协同、多渠道考评监督模式；最后，高校师德师风的考评与监督结果要及时反馈，合理运用，促进高校师德师风的建设。

（四）师德建设面临的问题

随着社会经济的发展，人们的工作与生活节奏随之加快，高校教师也不例外，并非像外人想象的那样,"有课来校没课在家,办公室里喝茶看报",没有学生考试成绩的教学压力。相反,当前高校教师的工作压力越来越大,尤其是青年教师,由于参加工作时间尚短,面临着工作、家庭、学习、经济等各方面的压力。因此,一些青年教师出现了过于逐利的行为,教学责任意识淡薄、育人理想日渐弱化。而许多年长的教师由于已经评定高级职称,也会出现放松课堂教学、工作动力减弱等问题。总体而言,当前高校师德建设面临的挑战与问题主要有以下几点。

1. 少数教师政治立场不够坚定

政治立场坚定是高校教师必须具备的首要素质,也是最基本的师德要求。由于高校学生处于从学校迈入社会的关键成长期,因此这一时期的教育对塑造学生"三观"影响深远。高校教师应坚定政治信仰,不断提升政治素养,这样才能引导大学生树立正确的政治信念,形成良好的政治素养,培养爱国之情,成为合格的中国特色社会主义事业建设者。

2. 少数教师师德让位于逐利

随着社会经济的发展,人们的思想与思维方式也在不断发生变化,师德对教师来说是最重要的基本素养,在一些高校被逐渐淡化,让位于课时、职称、职级、薪酬、论文、课题等"实用"要素。一些高校的评价体系对教学的考核主要是对教学课时数量的考核,而对教学质量的考核相对不足。受到功利因素的影响,一些教师在实际工作的过程中逐渐放松了师德师风的自我建设。原有的"关爱学生,教书育人,为人师表"等口号式的道德标准约束力日渐降低,加上部分高校制度体系中缺乏师德方面的细则,变相放任教师对自身道德的要求逐渐降低。这就使得一些教师与学生之间缺乏有效沟通,师生关系出现不同程度的疏离。教师的精力更集中在写论文、搞科研、职称评定与职级的晋升,较少投入在教书育人的本职工作上,对学生的成长成才不够关注,对于加强教师师德建设仅停留在口号上,缺乏实际行动。

3. 教师责任意识淡薄

教师的首要职责是教书育人。教书育人的直接体现形式就是上好每一堂课,加强对学生日常的培育、教导和管理。因此,教师具有不断提升教学质量的责任与义务。但是一些高校教师将工作重心放在了职称评审与职级晋升上,整日忙于写论文、做科研、做课题,相对忽视教学工作,出现了备课时间不足、上课较为随意、面对学生提问置之不理等没有尽到教师责任的问题。教师缺乏与学生的沟通交流,缺少对学生的引导,就无法做好最基本的教学与育人工作。

4. 职业理想日渐减弱

教师应该将立德树人作为职业理想的追求与根本任务，但少数教师缺乏立德树人的理想追求，缺乏对教师职业的热爱，缺少教书育人的热心，只看中了教师工作稳定、环境单纯的职业优势，只考虑如何尽快评上职称，尽快晋升职级，不重视提升课堂教学质量，不努力提高自身的教学能力，甚至从事与本职业务毫无关系、只以赚钱为目的的第二职业，分散了精力，影响了教书育人的本职工作。

5. 存在失德失范行为

高校进行师德建设的目的是培养规范的职业行为，虽然绝大多数教师能够兢兢业业、无私奉献，但有少数教师不注重规范职业行为，缺乏教师职业的使命感和责任感，缺乏规矩意识，丧失了教师本应具备的道德情操与理想信念，在利益的驱使下，甚至出现学历造假、报奖腐败、抄袭剽窃他人论文、损害学生和学校合法权益的行为等问题，严重损害教师队伍的形象和高校的声誉。

三、师德对大学生的影响

一名合格、优秀的好教师对于一个国家，一个社会来说是非常重要的。而高校教师师德，作为学校教育的核心要素和精神纽带之一，它在大学生的成长过程中起着重要作用。可以说，教师的师德由内而外、由表及里地影响着大学生的教育环境和教育氛围，从而指引着大学生个人品德的良好发展。

（一）加深大学生的品德认知

从大学生开始接受学校教育起，就会常常听到教师教导学生关于是非善恶、是非曲直等品德观念。诸如"撒谎是错""诚信是对""乐于助人是善"及"杀人放火是恶"等言论，都是教师从自身的一言一行与身边的一点一滴中来告知学生，什么是善恶、什么是美丑及什么是对错，以此来引导大学生个人树立正确的道德认知、道德观念。正是这些教师用优秀的师德为学生以身作则，树立榜样作用，才能够在大学生心里播种下一颗又一颗"真善美"的种子，这才有了大学生在以后的成长过程能够形成较高道德素养的基础，从而使得大学生对一些正确的品德观念、品德认知能够做到真正的内化于心，外化于形。可以说，优秀的师德在很大程度上培养和发展了大学生的个人品德。

（二）提升大学生的品德情操

优秀师德为大学生个人品德的形成与发展营造了良好的环境和情操氛围。可以说，学校里教师的优秀师德对大学生的教导和教育恰好弥补了家庭、社会以外对大学生进行教导的缺陷与空白。而大学生的学习生涯，从小学到大学，一直都在接受学校教育。在大学生的一生中，他们与教师接触的时间还是比较多的，甚至多过与家人相处。因此，确保教师拥有优良的品德情操能在很大程度上影响大学生品德情操的良好形成与发展。可以说，教师的优秀师德在大学生的成长过程中为其提供了较为和谐、稳定的教育环境及情操氛围。古今中外，历史上具有优秀品德情操的教师有很多，这些优秀的品质和良好的德行对大学生产生了潜移默化、深远持久的影响。诸如，我国历史上被誉为至圣先师的孔老夫子，他一生都倡导"其身正，不令而从；其身不正，虽令不从"的教育宗旨和教育初心。正是在其优秀品德情操的影响之下，使得他的学生桃李满天下，且都取得了不错的成就，为社会做出了极大的贡献。而且孔子不仅没有忘却自己的教育使命，还将这样的初心与使命让学生们代代相传，无怨亦无悔。此外，在西方国家也有很多这样的优秀教师，诸如，尼采、黑格尔、叔本华等都是历史上著名的杰出教师，他们身上所具有的优良师德与品德情操也培育和影响了一批批优秀的学生。因此，可以从这些榜样典范看出，师德对于学生的发展所产生的重要作用，尤其是他们身上所具备的品德情操为大学生个人品德的形成和发展营造出的良好氛围与环境。

（三）锻炼大学生的品德意志

在学校教育的过程中，教师与大学生之间的师生情谊是单纯且浓厚的。而正是这份绵延不断的师生情谊在潜移默化中影响着大学生成为一个有高尚品德的人。在学校生活中，教师对大学生个体的默默关心、细心呵护让大学生感受到了浓浓的温暖与幸福。这在一定程度上影响了大学生在生活中的为人处世及接人待物的方式。此外，教师还通过对大学生讲道理、细心引导，以及以身作则等方式方法来对其进行管制和教育，使其在生活的细小琐事中感受到挫折与磨砺，并获得成长，这在一定程度上培养和提升了大学生个体的品德意志。正如身残志坚、无怨无悔扎根于山区教育的黄周媛老师，她在三尺讲台上坚守了三十余年，面对孩子们对学习的渴望，她倾其所有、恪尽职守、忘我工作。纵使疾病缠身，可她依然凭借着自身的坚强意志与高尚品德坚持着自己的事业、守候着孩子们的梦想。最终，皇天不负有心人，在她的影响与感染下，大多数孩子们也磨练出了坚强的意志，收获了高尚的道德品质。慢慢地从迷茫无知走向了知识的海洋，在黑暗中找寻到未来的方向，且懂得用一颗良善之心去热爱世界、拥抱明天。可以看出，这些孩子能够拥有高尚的道德品质和坚强的道德意志与这些教师的优秀师德有着十分紧密的联系。

（四）培养大学生的品德行为

作为一名高校教师，其优良师德主要是通过大学生对教师的生活习惯及行为习惯的认可，以此来培养大学生的品德行为和品德习惯。而这种认可是通过将大学生被动的品德行为、品德习惯转化为积极的、下意识的品德行为和品德习惯。可以说是由内而外、由表及里的转化，从而使大学生个体在无意识或者有意识中就做出了使教育主体与教育客体双方都共同认可的一些良好的品德行为与品德习惯。有些教师为了培养学生良好的学习习惯，常常用"21天法则"来启迪和引导受教育者，使得学生在潜移默化中就接受了这种行为习惯。由此可见，当高校教师利用优秀品质、优秀德行有意识的对大学生进行品德行为和品德习惯的培养时，在潜移默化中大学生就会将品德行为与品德习惯从被动转变为主动，从而为大学生个人品德的形成与发展奠定良好基础。

四、教师道德审美的表现

（一）教师语言的表达

教师语言作为师生交往的重要工具，利用好会对学生产生积极影响。教师语言优美可以提高教学效率，增加学生对教师的喜爱程度，提高师生沟通效率。教师与学生主要是通过语言进行交流，语言运用的是否合理直接影响了师生交流是否顺畅，语言优美是教师道德之审美的重要体现。有的教师在课堂上讲话重点突出，客观并有根据，符合教师身份；有的教师的课堂语言生动有趣，既有内容又有特色还有生气，与学生积极互动并提高趣味性；有的教师课堂语言优美，文言古诗词引用随处可见，课堂氛围高涨。通过语言交流教师才能实现教育的目标，无论是课堂教学中、还是课后师生交往中，语言都是主要的工具和途径。有的教师与学生沟通时讲究方式方法，循循善诱，积极引导，帮助学生解决问题；有的教师的语言却是充满攻击性，背离了"道德美"的追求，造成师生之间交往不畅。教师语言是师生交往的重要工具，用好了则帮助师生之间处理问题、解决矛盾；用不好则不利于师生关系的发展。教师在实际教育活动中，不经过思考脱口而出的语言，可能伤害到某一个学生的自尊心，只有认识到教师语言的重要性，才能发挥"语言"这个工具的真正作用。

（二）教师行为的呈现

教师由于其身份的特殊性，成为学生争相模仿的对象，教师行为一旦符合美的要求，对学生的行为将会产生正面的积极影响。教师行为得体主要体现在课程讲授中、教学评价中和师生互动中。有的教师在课堂上讲授效率高，学生普遍容易理解和接受；有的教师课堂讲授存在低效教学现象，低效教学具体表现在教师的课程讲授结束时，没有有效的传授学科知识，学生不能很好地理解掌握课堂讲授的内容，教学目标也没有得到很好的实现等。比如有的教师虽然知识渊博，但对学生的个性特点、学习需求缺乏了解，无法将知识高效地传授给学生。教师在教学评价中，对学生的表现做出的评价符合客观实际，评价往往呈现出多样性、客观性和针对性。有的教师能够意识到每个学生都是独一无二的，根据学生的优点和特长对学生做出个性的评价；有的教师在学期末对全班学生进行评价时，每位学生收到的评语都是大同小异，套话官话成为主要内容，结合每位学生实际情况的评价却是寥寥无几，这可能会适得其反，达不到评价的真正目的，会使学生失去努力的积极性。教师与学生的关系应是和谐友好，积极向上和互相理解的。有的教师与学生课堂上是师生，课后是朋友，互相尊敬，互相帮助；有的教师对待犯错误的学生粗暴地训斥，侮辱学生人格，危及学生人身安全；还有的教师歧视后进生，对这类学生不负责，放任自流。教师的行为应符合道德美的特征，正视得体的教师行为，为学生树立正确的榜样行为。假如教师对道德美的认识出现了偏差，教师行为不恰当，学生是直接的学习对象，因此不仅对教师形象产生了一定影响，而且对学生的行为也产生了不良影响。

（三）教师姿态的体现

教师姿态美是学生"观其色"的重要内容，间接影响着教学效果的呈现。教师道德不是不可观察的，而是渗透在教师的无声的姿态中。教师姿态大致包括头语、手语、身体的姿态、眼神和面部表情等方面的内容。上课时，教师用点头或摇头的方式给予学生反馈，让学生对自己的认识更加清晰。在实际课堂讲授中，有的教师面对学生的回答，及时用点头的方式给予学生反馈，鼓励学生勇敢回答问题，帮助学生建立了信心。教师的手语本应该是从细微之处帮助学生进步的手段，上课时用拍手来提醒学生注意力集中，敲桌子来提醒学生安静听课，会增加教学效果提高的概率。而在实际的教育实践中，有的教师总是把手语当作是侮辱和歧视学生的手段。比如说，教师在面对回答不上来问题的学生时，用手指学生或是用手戳学生，令学生感到自尊心受到侮辱。有的教师在讲台上呈现出双手环臂的身体姿态，给学生一种不敢亲近的状态。教师的眼神和面部表情直接影响着学生的状态。有的教师温柔的眼神使学生感受到温暖，目光所及每一位学生；有的教师在上课时，眼睛只盯着成绩优秀的学生，忽视其他学生，或是只注重于看前排的学生，而忽视后排角落里的学生，对学生产生了不利影响。教师面对回答问题不积极或是上课不认真听讲的学生时，往往用凶狠的表情和目光投向学生，而有的教师则是鼓励这些学生回答问题，用坚定的眼神肯定学生的能力，提高学生的自信心。教师温柔的眼光和微笑的表情让学生感到自尊心得到保护，更有利于教学的开展和学生的进步。

（四）教师风度的表现

教师风度美包含了教师的语言、行为、姿态和精神都符合道德美的特征，是一个概括程度较高的行为表现。精神状态是一个人的风度展现，将良好的精神状态融入教师职业中，教师将在教育实践中表现出自信乐观的精神状态，以增加其工作的积极性，进而潜移默化地影响学生的精神风貌。风度与道德不完全等同，有道德的人不一定是有风度的，但是没有风度的人一定是没有道德的。教师风度是一个人精神风貌的重要展现。假如一个人的精神风貌积极乐观，可以表明他有着良好的道德水平。良好的形象是教师风度美的重要表现，有的教师在学校中为追求时尚，标新立异，有的教师注重自己的身份特征，服饰仪表美观整洁，符合风度美的特征。比如说，某教师在上课时穿了一件颜色艳丽的长裙，佩戴了大耳环，刚走进教室，学生一下子被吸引了，但是注意力却没有放在知识的学习上，而是被教师的衣着所吸引，以至于一节课结束了，都不知道这节课上的是什么内容。振奋向上的风采是教师精神美的象征，是对教师职业的一种由衷的热爱，有的教师积极向上，兢兢业业，认真对待教育中的问题和教学过程中的经验；有的教师不思进取，将教书工作当作是到点上班混日子的途径；有的教师将教书育人当作是谋取钱财的工具；有的教师将教育事业看成是谋取权力的途径。教师风度美意味着教师德、才、体、貌和谐统一发展，展示着教师职业的独特风貌，有利于学生与教师的共同发展。学生常将教师看作是自己内心完美的偶像是，教师应注重自我形象，积极展现教师风度的优雅，有利于成为学生心中的榜样。

五、提升教师道德的路径

师德是评价一名教师综合素质能力的核心指标。师德不是虚的、可有可无的，而是实实在在、必不可少的，是构成教师素质核心和灵魂的要素。要做一名合格的高校教师，不仅需要知识、学问、技术、能力，更要有品德、人格、爱心和责任。随着社会不断发展，高校数量逐渐增多，高校之间的竞争日益加剧。在学校层面，高校往往更加关注学校的排名和社会影响力，更多关注"跑资源"、扩招生、壮队伍等行政事务；在教师层面，更多关注教师数量的增加、学历层次的提高、职称的提升及科研成果的产出，师德建设总是排在后面的，这样显然不利于实现教育立德树人的目标。高校需要以实际行动加强师德建设，全面营造以德立人、教书育人的德育环境。

（一）严格准入标准

高校要把好新进教师的源头关，提升准入标准，以师德作为首要的衡量标准，招聘新教师时首先考量其政治素质，进而对业务能力、职业行为与职业理想进行综合评估。高校在招聘新教师或引进人才时，要通过多种途径对拟入职新教师进行考查，例如，向其学校的同学、教师发放问卷调查、进行个别访谈，以了解拟入职新教师在校期间的日常表现、奖惩情况、综合素养和学术成就，对其政治素养、职业理想、职业行为进行综合评估，全面了解分析其科研态度、学术诚信、职业目标与职业规划，了解其是否热衷于教育事业，对于教师职业是否具有理想信念追求，严格避免聘用政治素养不合格及功利心太强的人。确保新进教师政治立场端正、政治素养高，有立德树人的理想信念追求，能够在入职后落实好立德树人的根本任务，坚持马克思主义指导地位、社会主义核心价值观引领方向，符合我国高校社会主义办学方向的基本要求。

（二）完善师德培训培育机制

高校师德师风建设需要不断完善健全师德培训培育机制。高校应结合实际，建立贯穿全年的以提升思想政治素质、加强师德修养、提高职业素养为核心的师德教育课程体系，以培训为载体，邀请本校、外校的师德模范教师开展专题讲座，以师德模范的先进事迹与爱岗敬业、辛勤奉献的日常教学工作态度对教师进行师德教育培训。同时，可邀请具有丰富教育管理工作经验的教育专家进行师德宣讲，以案例的形式将正面宣传和警示教育相结合，增强教师的底线意识。通过采用在线直播、现场讲座的线上线下相结合的方式，提高培训的灵活性，将讲座覆盖到全校教师，并要求所有教师结合自己的工作实际，撰写心得体会及下一步加强自身师德建设的工作计划，通过师德培训与撰写师德相关文字材料，引导教师自觉向师德模范学习。

(三)加强师德师风宣传

加强师德师风宣传可以促进教师更加重视师德师风建设,提升相关工作的积极性,有助于引导教师树立崇高的教书育人理想,更好地落实立德树人的根本任务。加强师德师风宣传,首先应制订长期的宣传规划书,可设立"师德师风宣传月",对师德师风进行集中宣传教育。同时,应注重师德师风宣传的日常化,将师德师风进行常态化宣传,既要宣传党的相关政策文件,还要进行师德师风先进模范人物的宣传,可以重点挖掘本校的优秀教师范例,在宣传手段上要不断创新,可以利用新媒体平台,通过短视频等流行方式增强宣传的效果。

(四)建立评价激励与监督惩处机制

师德师风建设需要有完善的制度作为保障,包括评价激励与监督惩处等机制,要通过制度的不断建设与完善,进一步确保师德师风管理的规范化与常态化,形成人人重视师德师风建设的浓厚氛围。高校应建立系统规范的评价激励机制,并通过它来提升教师加强自身师德建设的主动性。高校应多角度、全方位地明确评价主体。在对教师的师德师风进行评价时,要选取相关主体参与评价,包括教师本人、同事、学生、学校管理部门等,结合教师日常教学表现与自评、互评、打分情况进行综合评价。高校要把师德表现作为首要评价内容,对于师德高尚的教师或者被评为师德楷模的教师,要予以激励,在岗位聘任、职务晋升、职称评审、进修培训、工资待遇等方面适度倾斜,让教师有获得感,确保其安心教学、潜心育人。还可以设立专门奖项用以激励师德建设,例如把"立德树人奖"作为全校教师的最高荣誉,更好地发挥师德模范的辐射带动作用。监督惩处机制方面,高校可以建立学校、教师、学生、家长、社会等多方参与的师德监督体系,开通专门的电话热线和网络信箱,设立师德师风行为举报平台、举报电话、举报邮箱,线上线下监督相结合,鼓励师生对不良行为进行监督举报,做到有诉必查、纠偏纠错。对严重违反师德的行为,要严格依规处理。高校应坚持师德"一票否决制",使师德规范落到实处、取得实效,营造重师德、为师表、讲奉献的良好氛围。

第二节 教师的专业知识

一、知识的本质

在学术领域内研究知识，一直都是比较复杂的问题，在西方知识论的历史上，各个学派共同勾勒了知识论话语的纷繁图景。

经验主义知识论就是认为人类所有的知识都来源于先前的感觉和经验，培根是近代经验论的奠基人，主张要抛弃长期以来控制人们思想的四种"假象"，他提出了理智上的"新工具"即科学的归纳法和实验法，洛克则提出人的心灵犹如白纸，任何新知都来源于感觉。柏拉图认为知识必须由三个要素组成，分别是信念、真实与确证，知识是经过确证的真实信念，信念是构成知识的必要条件之一，但"我相信"需根据充分的证据确证为真，方能转变成"知识"，完全的证实是决定性的条件。柏拉图将知识与信念做了明确的区分，坚持从理性主义的角度认识知识的性质和起源。由此，与以培根和洛克为代表的经验主义知识论形成对峙。斯宾诺莎根据观念产生的方式，将其分为意见、信仰和清晰而明确的知识，强调真正的理性在获得有关世界和人类生活的全部本质中的作用。

可以说，历史上不同学派对于知识性质的看法众说纷纭，知识是一个不断发展的概念，但无论是经验主义还是理性主义的认识论，其内在旨趣都是主体与客体、身体与心灵的二元对立与分离，知识是主体对外部世界的客观、静态的表征与沉思，知识的确定性和普遍性特性引发了知识观的危机。对知识概念的界定可以从知识的本源、基本成分、性质三个维度进行思考：知识不再仅仅是对预设世界的完美表征，既是人类参与、行动、解决复杂问题的工具也是其生成物，个体并非被动地获得对客观世界的主观映像，而是主动参与到通过对话和交互而产生的知识创造活动中。

强调客观性、普遍性和中立性的现代知识观在当代社会变革背景下已渐渐呈现出分化之态，从现代知识观到后现代知识观的转变也是促进知识社会转型的重要部分，知识的性质并不由独立于认识主体的客观事物决定，而是受到其文化传统和社会意识制约，知识也不是超越时空限制仍然存在的普遍真理，知识必须存在于一定的意义系统，即特定的时间、空间、价值体系、表征范式下，总是与一定的境域相联系，同时，主体的认识活动不是一个自治的王国，知识不仅受权利的驱使，也被不同利益群体和市场经济所影响，知识承载着社会价值需求。

二、教师专业知识的内容

教师专业知识是教师作为一门特殊职业应该具备的专门性知识。从知识发展观的角度来看，教师的专业知识既有客观性和普适性，也有发展性和个体性。当教师的职业状态从经验型、技术型开始向反思型、专家型转变的过程中，专业知识作为教师专业素养的核心内容已经成为教师能力和教学品质的重要保障。具备扎实的专业知识应该视为教师教育培养的核心要求。教师作为从事教育教学活动履行教育教学职责的专业人员，必须具备从事教育教学活动的相关知识，这些知识主要来自前人的教育和社会实践，也来自自己在教育实践中获得的与教学相关经验与知识。主要包括学科知识、课程知识、学科教学知识。

（一）学科知识

1. 学科知识的概念

一般地用SMK（subject matter knowledge，简称SMK）来指称教师学科知识。教师的学科知识就是教师在教某个特定学科时对教学所需要知识的掌握情况，以及对这一学科的特定理解和态度。

2. 学科知识对于学生发展的价值强度

对于学生成长而言，学科知识是有待发育的理性种子、思想种子、文化种子和精神种子。人类知识是历时态的知识，是前人关于世界（自然世界、社会世界和精神世界）的"历史作品"。在前人创造的知识与知识学习者之间，存在着历史间隙、社会间隙、文化间隙和认知间隙，这些间隙本质上为学习者提供了理解与意义建构的空间。从人类知识中提取而来的知识之所以成为"教育知识"或"课程知识"，不仅仅是希望学生像前人那样认识客观世界和社会实在并接受前人对世界的认知结论，而是以其为基础，丰富学生作为人的社会本质、文化本质和精神本质，促进人的成长。知识对学生发展具有内在的价值强度，由此而言，自斯宾塞的"什么知识最有价值"之追问，至麦克·扬的"把知识带回来"之呼吁，都是对知识之于人的发展的价值强度的关怀。所谓价值强度，是指个体与客观世界的价值不可分离性与价值一致性，它标示着主体与客体之间存在不可分离性的价值关系和意义关联。

价值是客体满足主体需要的属性，学科知识与学生发展之间的价值不可分离性与价值一致性，一方面是由主体与客体的内在本质决定的，另一方面是由主体与客体之间的必然联系决定的。人在本质上是一切社会关系的总和，是"社会的人"；人是理性的负荷者，是"理性的人"；人是文化的创生者和享用者，是"文化的人"；人是具有精神的超越性和无限性的生命体，是"精神的人"。丰富人的社会本质、理性本质、文化本质和精神本质，是教育的本质追求。知识既是理性的产品，也是社会产品，"逻辑"与"理性"反映了知识的客观性，"美德"和"智慧"反映了知识的社会性或人性。在古希腊，知识就不是被当作一个纯粹的认知问题来看待的，特别是不仅仅被当作认知的结果来看待，相反是当作与"美德"或"善"相关的命题来看待的。苏格拉底、柏拉图就明确探讨过"美德"与"知识"之间的关系，人们通常把"美德即知识"理解为"知识是使一个人成为有美德的人的充分条件"，且认为是由苏格拉底提出的，但有学者经过考证认为这一主张是柏拉图提出的。尽管苏格拉底、柏拉图所说的"知识"不是纯认识论意义上的知识，而是"认识你自己"意义上的作为动词的"去认知"，强调用"美德"和"善"去定义"知识"，赋予"知识"以超越纯粹逻辑与理性的"美德"和"善"的内涵，从而将知识与作为人的最高准则的"美德"通过"实践"概念关联起来。无论从希腊哲学意义上还是从现代认识论意义上说，知识与人的成长具有的价值不可分离性似乎浑然天成。人类教育史也充分表明，割裂知识与人成长的价值不可分离性和价值一致性，都必然导致教育的危机。

教育作为培养人的活动，对知识充满了一种预见性的价值期待，因为"知识对于心智和美好生活具有重要意义"。学科知识本身所具有的理智价值、道德价值、审美价值对于学生成长而言，都只是一种"可能价值"或可预见性价值。主客一体、相互适应、相互融合与多维互动，主客之间的价值关系和意义关联方得以从可能状态转化为现实必然。唯有让学科知识真正进入学生成长过程，引导学生通过学科知识认识世界、理解世界、进入世界与改变世界，认识自我并丰富自我作为人的多维本质，增强学科知识学习对于生命成长的意义感、自我感和效能感，学科知识的可能价值才能表现为现实价值，预见性价值期待才能转化为真实性价值实现。

（二）课程知识

1. 课程知识的概念

知识一旦进入课程领域，人的因素就走到了前台，知识（对于人）的教育价值、精神意蕴就成为更加凸显的方面。正是不同类型的知识从不同的方面对个体的身心发展、精神成长具有不同的作用，所以课程知识的体系编排、平衡协调，对学生的发展具有综合的、系统性的影响。课程知识主要指课程内容知识，即"在一门课程中所教授或所包含的知识和制定课程时所应用的知识"，它"包括以文本的形式体现在课程计划、课程标准和教材中的知识,也包括教师在教学设计时引入的知识"。

2. 课程知识的属性

第一,科学性。从科学发展历史的理解框架来看,科学是关于客观事物本质及其内在规律的系统的科学知识体系,也是追求普遍真理和基本规律过程中应用的科学方法、科学思维、科学结构和科学精神。过程哲学视域下的课程知识理解,需着眼于知识的历史演进过程,落实到知识进入课程领域的全过程,从人类知识到学科知识,再到课程知识,应关注知识的产生与发展过程、学术学科到教育学科的分野与综合、学科知识到课程领域的动态化发展,从而完整把握课程知识的演进框架。课程知识属性是一个关系概念,对课程知识科学属性的分析需要把握课程知识与科学之间的关系,是以科学的逻辑探究知识本质,实质上就是回应课程知识何以为科学的问题。对某一事物的属性研究一般有两种思路,一是通过逻辑推演的方式将事物的某种属性与其他密切相关的属性进行比较推演,二是对事物内在结构要素的属性特征进行分析,以揭示属性内涵。由此,一方面,研究课程知识的属性要从课程知识构成要素与科学之间的关系着手把握概念内核,另一方面,要着眼于科学属性有别于课程知识的其他属性的独特特征。课程知识科学属性研究是对学科知识和知识学习过程科学性的规定,能够帮助教师从知识发生学、知识认识论、知识教育论的角度深挖知识,理解知识发展过程和知识学习机制,建立教师深刻的学科理解,为学科知识的深度处理奠定基础。知识的科学属性指向知识本身的产生过程与产生方式,知识内在的要素及其思想中所体现的科学性,是知识教学和知识理解的第一法则。

科学属性是课程知识产生与发展过程中与科学产生联系和比较中所表现出来的科学符合性,源于知识发生过程中对事物质与本质的揭示,源于学科知识和学科体系建构中所凝结的逻辑规定和思维方式,源于知识进入课程领域中基于认知逻辑下的教学规律,表现为课程知识的合本质性、合逻辑性和合规律性。首先,合本质性是知识科学属性中的首要表现。知识所反映的是事物的本质及其内在规律,是通过符号表征对客观事物及其内部规律进行系统化、学理性的表述。知识是关于事物质的规定性的明确陈述,也是对事物本质确定性的陈述,知识学习的首要前提就是通过对符号知识的学习来理解事物本质及其内在规律,以形成对客观事物和客观世界的正确认知。其次,合逻辑性是实现实践经验向科学知识转化的逻辑桥梁,合逻辑性不仅表现在知识论证和知识表达过程中所隐含的逻辑规定,更是学科知识结构、学科思想和学科体系建构中的思维方式,也就是知识所隐含的推理、论证和思维过程的内在逻辑。课程知识的合逻辑性由知识的内在逻辑形式和知识依存方式所决定，任何知识的形成都经历了演绎与归纳、分析与综合、分类类比与比较、系统化和综合化等逻辑思维过程，也都包含了概念、判断和推理的逻辑思维形式。通过知识学习把握事物之间的内在关系及其发展规律，挖掘学科知识和学科思想暗含的思维方式和逻辑思维过程，理解和体验科学原理背后的学科思想、学科思维和学科方法，学生才能建立科学认知，培育核心素养。最后，合规律性指知识学习和知识获得过程合乎学生认知发展规律。重视课程知识科学属性并不是罔顾学生主体，而是以实现知识的认知性教育价值为前提，把握个体认知发展机制，从对知识本质的把握、关系的探究、事物发生发展规律的理解入手，帮助个体习得知识建构的思维逻辑和思维范式，以个体的思维体验助力学生从学科知识的获得向学科能力的发展转变，实现个体的素养发展。

第二，文化性。从人类教育发展史来看，课程一直承担着传播、复制和再生产人类文化的使命，课程知识承载着特定的文化意义与文化理解，正是课程的工具品性造成了课程知识自我文化品性的缺失，要么将课程知识视为"文化资本"，涉及意识形态领域的议题，要么将课程知识简约化为对主流文化的占有，缺少创新、反思和批判，无视课程知识内在文化特性、结构与价值属性从根源上导致了"文化锁定"机制，还有文化霸权、文化遮蔽的现象在当下的多元文化社会已遭到不少批判和质疑。因此课程知识的文化特性就是要将课程知识作为与学生的生命意义、师生间良性交往和教育环境密切相关的文化生态系统，建立文化包容性与文化自主性。

第三，社会性。课程知识以人的头脑为载体，具有先天的个体性与主观性，但课程主体本身处于一定的社会和文化情境之中，不同主体在建构和选择课程知识时必然依托于其所处的社会背景，知识社会学以研究知识的社会依存性为基本取向，包括课程知识在内的各种人类知识都是社会建构的产物，课程知识的社会性鲜明地体现在社会政治经济、社会文化、权力运转等因素对知识选择的制约性，这一点从中西方社会对知识价值标准的选取可见一斑，古代中国统治者强调"孝""义"以维护社会稳定，因此以"忠孝仁义"为本的儒家思想成为科举考试官方指定知识，西方文化信仰上帝，故神学一直在学校课程中占据重要位置。

第四，育人性。课程知识指向使学习者获得专业知识和塑造理想人格，但学习不是单向的线性传播知识的过程，知识是由学习主体基于自身的认知结构和经验，主动参与到与同伴群体和知识环境的互动中生成独特的感受与体验，建构起以个体知识体系为中心的课程内容，课程知识的意义存在于特定的时间、空间、认知背景等要素中，课程知识的这一特性消弭了知识的客观性与权威性，是现代知识观向后现代知识观嬗变的逻辑起点，凸显出了将学习活动置于中心地位的理念。

课程知识存在的目的是传递人类文明成果，并且以一种客观的形式被主体感知和认识。课程知识自生产之初，以人的头脑为载体，这一特征决定了课程知识先天具有的个体性与主观性，而追溯西方自然科学的发展，无一不是把知识的客观性作为前提的，如何统一知识的主客属性成为认识论发展的主要难题，课程知识的客观表征是课程知识的主观内容获得客观形式的转化艺术，借助符号系统，课程知识中的个体认识成分得以实现客观化和社会化，一方面，这是课程知识系统不断扩大再生产和文化增殖的过程，另一方面，个体认识被赋予公共价值的同时，也指向对人之价值的理解和解放，按照生活认识论的观点，人的生活大致可分为两类：实在的感性生活和符号化的精神生活，后者不仅是人的生活，而且是生活的表达，有了这种表达，人才能由突然世界突入可能性之域，只有符号才能为人的展示提供可能空间，个体知识社会化的过程既是融入也是还原，因为个体知识本身产生于互动交往的社会情境之中。审视人类社会的发展史，在口耳相传的时代以言语作为符号进行教育活动传播知识，手抄和印刷时代以字母文字作为新的表达符号获取信息和进行知识交流活动，以语言和文字为主要代表的符号表征使知识的主观内容被感知和体认成为可能，并进一步实现了知识在不同社会境域下认识主体之间的相互流动，推动了个体知识与公共知识的转化和互译。

（三）学科教学知识

1. 学科教学知识的概念

1986年，美国学者舒尔曼在《理解者：教学中的知识发展》中首次提出了学科教学知识的概念，并将其界定为"把学科内容以易于他人理解的方式组织呈现出来"[1]。1987年，舒尔曼在《知识和教学：新改革的基础》中重新定义了学科教学知识的概念，即"教师在面对特定的学科主题或问题时，如何针对学生的不同兴趣与能力，将学科知识组织、调整与呈现，以进行有效教学的知识"[2]。舒尔曼对学科教学知识的定义更加细致，根据这一定义可以发现，学科教学知识由教学

---

[1] SL.S.Those Who Understand:Knowledge Growth in Teaching[J].Educational Researcher, 1986(2):4—14.

[2] SL.Knowledge and Teaching:Foundations of the New Reform[J].Harvard Educational Review,1987(1):1—22.

内容知识、教学对象知识和教学策略知识构成，且这三种知识是相互联系、相互影响的。只有深入地了解教学对象，才能传授好教学内容，运用好教学策略；教学内容的传授必须要考虑教学对象，而且要借助一定的教学策略；教学策略的选择和运用要根据教学对象和教学内容而定。学科教学知识是教师在长期的教学实践过程中形成的，具有实践性、动态性、整合性、转化性等特点。它关注的焦点在于教师的知识是如何从教学的角度组织起来的，是教师在专业实践中对专业的理解的特殊形式。

2. 学科教学知识对教师专业特性的体现

第一，教师能够将学科形态的知识转化为学科教育形态的知识。学科知识是关于学科本质、属性、功能、结构、要素及其相互关系等的认识。学科形态的知识是对常识性知识、实践性知识等知识的规范化、抽象化和理论化，它与学生现有的经验或认知水平具有一定的距离，因而对于一般的学生而言，是不能够轻易理解和接受的。况且，学科知识本身的内容不等于学生成长所需要的知识内容。鉴于此，教师就需要将深奥的学科形态的知识经过分化、重组、改造和转换，从而形成学生易于理解、容易接受及其发展所需要的学科教育形态的知识。例如，将学科思想与智慧转化为学科教学的理念与目标、将学科思维与方法转化为学科教学操作程序、将学科语言转化为学科教学语言等。这个加工处理和转化过程需要教师具备知识形态转变的能力，正是有了知识形态的转变，才有可能让不懂这个学科的学生理解和掌握这个学科的知识。这个过程是教师学科教学知识的应用过程，也是体现教师工作创造性和教师职业专业性的重要领域。我们可以发现，通常人们追求的只是学科知识的实然状态，然而，教师不仅能够有效地把握学科知识现实规定的实然性，更为重要的是他还能赋予学科知识在教育活动领域所独有的应然性，即深度挖掘学科知识的育人价值及其对学生发展的教育意义，并在教学实践中实现和发扬这种价值。简而言之，就是将学科知识教育学化。

第二，教师能够将学科教育形态的知识进行生本化的表达。所谓生本化的表达，就是以学生的思维和学生易于接受的方式来表述已经具有教育形态的学科知识。这种生本化的表达，最早可以追溯到裴斯泰洛齐的"教学过程心理学化"。作为专业人员的教师，必须要把学科教育形态的知识进行生本化的表达，使之符合学生的认知能力、接受水平及学习兴趣等。虽然很多家长都能够对自己孩子的学习给予一定的指导，但是他们所讲授的更多是知识内容本身，而非知识如何得以传授。例如，很多家长在辅导学生家庭作业时，会把答案直接告诉学生，即使家长都懂这些学科知识，但是如何以学生的思维、学生可理解，以及可接受的方式传授给学生，他们则不擅于此。将书本知识生搬硬套、机械灌输给学生的行为是没有专业性可言的，因为只要懂得知识内容本身的人都能够做到。然而，教师却能够促进学生对知识本身的意义建构和知识所蕴含教育价值的揭示。由此可见，教师职业的专业性就表现在教师能够将学科教育形态的知识以符合学生发展水平、适合学生思维、可理解、可接受的方式传授给学生。这个过程是教师基于知识与智慧、经过深思熟虑与理性分析而开展的，是教师学科教学知识应用的过程，也是体现教师职业专业性的过程。

第三，教师能够利用教学策略知识有效地实现预期的教学目标。早在1902年杜威就指出，教师应当关注"通过什么方式把学科内容变成学生经验的一部分"[①]。杜威在当时就已经意识到教师应该有其专业性，这一专业性则体现在教学策略知识上。教学策略知识主要是关于"如何教"的知识，是学科教学知识的重要组成部分。如果教师只是把学科知识机械地传授给学生，不仅弱化了教师工作的复杂性，而且也极大地降低了教师职业的专业性。这主要是因为"剥离了教育意义的学科知识不足以成就教师"。所以，教师专业性的重要体现之一就是，教师能够利用教学策略知识有效地开展学科教学活动，更好地实现预期的教学目标。就知识本身而言，不同的知识类型需要不同的教学策略。教师职业的专业性就体现在，教师能够把握不同知识类型的教学特点并选择适切的教学策略，更好地促进学生的发展。教师能够通过恰当的类比、说明、范例、解释、探究等途径，实现对知识的有效表征。一般而言，教材中所出现的知识可以分为事实性知识、概念性知识、方法性知识和价值性知识四大类。知识性质的不同决定了教师在教学过程中教学策略的不同，这是对教师教学的基本要求，也是教师区别于非教师职业人员并体现其专业特性的关键。例如，对于事实性知识的教学，教师应尽可能选择接受型的策略，以帮助学生积累学科基础知识，建立学科基本认知；对于概念性知识的教学，教师应尽可能选择理解型的策略，让学生通过对概念的深刻理解来真正掌握概念本身的含义，以便进行有效的应用；对于方法性知识的教学，教师应尽可能选择探究型的策略，引导学生在探索中发现其中的逻辑和规律，进而掌握相应学科的思维方式；对于价值性知识的教学，教师在教学策略上应尽可能选择体验型的策略，让学生在具体情境中通过体验来感受知识背后的价值观念、思想意义和情感态度，以便真正内化于心、外化于行。

---

① DJ.The Child and the Curriculum[M].Chicago:University of Chicago Press，1902:286.

第三节 教师的教学能力

一、教学能力的含义

教学能力是指教师在从事教学过程中为了更好地满足学生对知识的需求，通过多种教育手段、教学方法、教学活动所表现出的行为特点，展现出自身不断积累、形成、发展、内化的结果。教学能力的构成要素复杂多样，具有操作性、规范性、整体性等特点。同时，不同时代对教学能力的要求是不同的，教学能力具有典型的时代特征，应与教学改革同步发展，适应新时代教学需求。所以说教师在面对知识快速更新、技术不断发展的新时代，掌握高水平的教学能力具有一定的难度并面临挑战。

二、教学能力包含的内容

（一）语言表达能力

主要指教师在组织教学、讲解知识、表达思想感情时所运用语言的能力。教师的语言表达能力是基本功，在课堂教学中要求就很高，不仅仅要使用标准的普通话，同时要简洁精炼，富有感情色彩。

语言是师生之间进行知识传递和有效沟通的重要途径。良好的语言表达能力直接关系到学生的学习热情和教学工作的成败。教师的语言可以从五个方面来概括：第一，语言的规范性。在交代概念讲述问题时要求发音标准、用词准确、修饰得当，从而保证输出语句的清晰。第二，语言的科学性。要求教师能够用精密的词汇去分析推理所阐述的内容，准确无误的传递科学知识。第三，语言的简练性、逻辑性。教师的语言要求如"剥笋"般层层递进，具有层次感，语言要求精炼简洁，具有较高的概括性。第四，语言的幽默性。幽默的课堂氛围是学生快乐学习的催化剂，有利于创造良好的课堂氛围。第五，语言的启发性。蕴含深度的语言，有利于学生情感上的共鸣与人生的启迪，最能够开启学生的智慧。

（二）钻研和组织教材的能力

教材是根据学科内容结构和学生认知特点所编排成的知识体系，是教师顺利进行教学的主要依据。在教学过程中，为了改变学习者被动接受学习的情况，教育者需要结合时代特征进行深入研究，从而合理组织教材进行教学，这对学生知识与能力的发展至关重要。首先，要求教师充分理解教材，融会贯通。这就要求其教学目标、知识体系、教学意图都应以教材为核心。其次，要求具有较高的组织教材的能力，增加教材知识点的外延，理论联系实际，帮助学生内化。根据课程标准和学生学习特点合理运用教材，对教材系统知识进行归纳总结，清楚掌握知识脉络结构。最后，充分把握学生的学情。根据不同阶段学生的知识结构与心理特征，将教材中的内容与学生的生活经验联系起来，帮助学生理解，知识的传授要体现出逻辑性、新颖性。

（三）教学设计能力

教学设计能力是教学目标制订、学习者和教材分析、学习内容确定和开发，教学方法和教学策略的恰当应用，教学媒体选择、教学评价设计，以及对策略和评价进行再修改的能力。其水平影响着教师的教学行为，是制约教师课堂教学质量的主要因素。教师的教学设计与课堂教学密不可分，因此，从课堂教学视角划分与细化教学设计能力是科学和可行的。教学设计能力要求高于备课技能，教师既要进行"教"的设计，又要做出"学"的预设，能够以促进学生学习为主要目标，使学生的学习更丰富、结构更全面。具体地，教师教学设计能力的要素有四。第一，深刻解读学科知识能力。能够从知识的逻辑结构、学科思想方法和学科文化来分析处理学科知识，进行教材"二次开发"和课程资源开发，并合理选择课程知识和教学资源。第二，教学预测和预设能力。能够分析理解学生的学习起点与学习风格，预测学生可能出现的问题、课堂可能出现的变化，预留空白与储备，以便修正与完善教学设计。第三，教学过程设计能力。能够系统地组织教学内容，优化多种教学策略和教学模式，恰当运用现代教育技术，创设教学活动适度、有吸引力，能有效达成教学目标。第四，教学评价设计能力。能够分析诊断课堂教学的价值取向和效果达成度，采用多元评价方式诊断监控学生学习状况，以进一步优化课程教学设计。

（四）研究学生的能力

了解和研究学生的能力是指教师对于学生的个性特点、行为习惯、道德品质、思维水平等方面具有把握的能力，是教学工作最基本的出发点。教师需具备一定的发展视野的能力，善于去探索人性，不仅要注意观察孩子们生活中的琐碎事务、生活习惯，还要注重于发现他们的内心世界，了解不同年龄阶段孩子的困惑、疑虑、目标和优缺点。这就要求教师要善于通过现象看本质，分析处于不同能力水平的学生需要。教学要具有其针对性、灵活性，这便需要教育者在教学过程中可以结合学生实际发展水平和认知规律调整自己的教学方案，做到有的放矢、因材施教。

（五）正确使用教学方法的能力

教学方法是教师为完成教学任务所采用的手段，包括演示实验法、讲授结合法、实验探究法、谈话交流法等。教学方法的选择往往受制于一节课的教学目标与内容，这便要求教法选择的适用性、灵活性，可以单个使用，也可以多种方法相互结合，以达到最好的教学效果。

（六）结合并掌握多种教学手段的能力

教学手段是教师提高教学效率、完成教学任务的重要因素。它包括传统教学手段和现代教学手段。传统教学手段主要通过"一板一笔"的方式进行教学，有利于教师与学生间细致入微的沟通交流，便于知识的传授与单个问题的讲解，但缺乏一定的知识容量和课堂感染力。而现代化教学手段主要通过视频、PPT、影音、图片等为课堂注入新鲜活力，既丰富了学科内容，又拓宽了学生们的眼界。所以，新课标要求二者要进行有机结合，相互完善与发展，根据课堂内容，合理地选择教学手段。这就要求教师能够熟练掌握各种现代教育技术，并能够在教学中发挥每一种教学手段的优势，使之成为提高教学效率的有效途径。

（七）学术研究和教学研究能力

学术研究和教学研究能力主要是指对教学理论及教育实践的研究能力，通过自身多年的教学经验和专业知识，对教育现象、教育问题、教育方法等提出自己的想法和见解，并应用于教学实践。在研究的过程中，教育者需具备广泛的知识积累，针对教改中所遇到的问题进行深入研究，使问题精细化、系统化，进而探索出新的教学规律、教学方法和教学模式，以便更好地应用于教学活动。在应用的过程中，根据教学实践的反馈及时调整，更新教育理念，加快教育改革的步伐。

三、高校教师教学能力现状及提升策略

（一）高校教师教学能力的现状分析

第一，教学理念薄弱，教学方式单一。当前，部分高校教师仍然简单地把"PPT+投影仪"当作信息化的教学模式，还是遵循传统的"填鸭式"的教学理念，

片面地认为信息化教学就是在多媒体教室上课，从而导致教师的日常课堂教学模式单调而乏味。然而，随着信息化技术的不断发展，以及信息化技术与学校教育的深度有效融合，从而使得信息化教学的范畴拓展到了翻转课堂、微课、网络在线课堂、MOOC、SPOC、VR教学等多维角度。因此，部分教师的信息化教学理念的薄弱，导致教师对信息化教学在日常的课程教学活动中的片面化，这在一定程度上影响和制约了高校教师信息化教学能力的培养和拓展。

第二，教学主体意识不强，教学能力发展的动力不够。在日新月异的信息化时代里，部分高校教师的专业知识大都很扎实，但是，由于部分高校教师对信息化教学缺乏深刻的认识，教师在信息化教学能力及信息素养上还是远远不够的同时，部分高校教师还存在认识不清晰，没有认识到信息化教学对于高校日常课程教学活动的必要性和重要性。此外，部分教师对什么是信息化也搞不清楚，对信息化教学的内涵是什么认识模糊，甚至对自身的信息化教学水平也不清楚。因此，这将必然导致部分高校教师信息化学习的主体意识不强、认识不足，从而使得高校教师教学能力发展的动力不够。

第三，教学培训不够，信息化教学设备不全。对于高校教师而言，教师之间的教学能力参差不齐。部分高校教师在正式走上工作岗位之前或之后，尽管部分高校会对新入职的教师进行培训，但是此类培训只是常规性的培训，对于系统全面的信息化教学能力的培训还是较为缺乏的，这样将导致部分高校教师无法通过有效的培训举措获取在信息化时代下的教学模式。此外，还有部分高校由于资金短缺，没有配备齐全的信息化教学设备，只是在教师里安装电脑、投影仪、音响等基本教学设备，部分高校在视频拍摄设备的购置、智慧教室的建设、高清录播教室的建设、网络平台搭建、教育大数据资源的整合等信息化教学环境和设施方面严重缺乏。

第四，MOOC、SPOC教学团队缺乏，教学后劲不足。随着MOOC、SPOC的不断发展，教师的个人行为在当前MOOC、SPOC的建设过程中往往是较为普遍的，在日常的教学活动中很少以专业的教研组、课程组等模式来组建教学日常MOOC、SPOC教学团队，同时，此类MOOC、SPOC教学团队也只是注重展示传统的教学内容，无法深度理解MOOC、SPOC建设的内涵，部分教师在日常的课程教学活动中也只是对传统网络课程进行简单的压缩和拆分而已，把日常的教学内容简单地录制成微课的形式，呈现给学生学习，这样就容易造成MOOC、SPOC课程的质量参差不齐，导致教师的教学效果不尽如人意，严重影响MOOC、SPOC的教学效果。

第五，教学反思能力不佳，改革意愿不强。当前，部分高校教师的课程教学和科研的任务较为繁重，同时，部分教师还需要从事像教学干事、班主任等非教学的各项工作，导致部分高校教师整天疲于事务，无法顾及对日常 MOOC、SPOC 教学的总结与反思，也无法及时发现并弥补 MOOC、SPOC 教学活动中的不足，从而使部分高校教师全面提升教学能力难以实现，这在一定程度也上严重影响了学生的学习热情，导致教师日常的课堂教学活动中所教授的内容与教学形式枯燥乏味，学生的学习效果和满意度不高。

（二）高校教师教学能力提升的策略

第一，转化信息化教育教学思想，与时俱进。要想使自身的信息素养能够得到科学化、针对性和稳步性的提升，教师首先需要做的就是将自身的信息化教育思想进行一定的转化，不断为自身的教育教学思想注入新的内容，让自身的教育教学思想与时俱进，能够在良好的教育思想指导下，更好地践行"互联网＋教育"行动计划。传统的信息化教育往往只是简单地将信息技术作为教育工具、教育手段，只是将信息技术停留在课堂教育教学中，却忽视其在指导学生预习、复习方面的功能，也忽视其在教育教学评价上的功能。"互联网＋教育"对信息技术的应用方式提供了多种多样的可能性，值得学生仔细地分析和鉴赏。因此，教师要想在"互联网＋教育"时代下，提升自身的信息素养，就有必要将传统落后的信息化教育思想进行转化，不断研习新的信息化教育行动计划，明晰其在应用信息技术要广泛化、系统化、智能化、创新化和个性化等多方面的主旨和特点。当然，教师也可以主动与同行们进行沟通和交流，在这种沟通和交流中，不断加深自身对信息化教育的理解，不断优化自身的信息化教育思想，使得自身能够更好地展开对学生的教育教学，让自身的教育能够与时俱进，以此为提升自身的信息素养打下较为坚实的基础。提升革新能力和素养的前提，是思想先进行有效革新。因此，教师应当在新的教育背景下，重视新兴教育思想的注入，在良好的思想指导下，更好地提升自身的信息素养，发展自身的知识教育能力。

第二，革新教学理念，创新信息化教学模式。以 MOOC、SPOC 为代表的信息化技术从多层次、多角度打破了日常教师教学时空的界限，师生获取知识的途径和方式得以极大地改变，让教师和学生在日常的教学活动中拥有更多的选择的自主权，在日常教学活动中不再像传统教学活动那样受到过多的局限，MOOC、SPOC 模式下，教师和学生可以自主决定自己应该怎么去教，怎样去学，教什么，学什么，和谁一起学，这种改变在一定程度上要求教师要彻底革新教学理念，创新和丰富信息化教学模式，构建"以学生为中心，以教师为主导，以学生为主体"的教学模式，以便充分发挥学生在日常的学习活动中的主体作用，以达到注重学生的个性化发展的目的，从而实现良好的教学效果。

第二，转变教师角色，完善能力评价与激励体系。MOOC、SPOC教学背景下，传统的"教"和"学"这种主从关系得以彻底地颠覆，所以，教师的角色也要发生明显的变化，教师的角色不再是单一的，而是要更加专业。在MOOC、SPOC教学时代下，"翻转课堂"是其主要的教学方式，此时，教师在日常的教学活动中充当的是学生知识提供者的角色，这种教学身份的多维转变对于教师的教学是非常有帮助的。此外，建立公正合理、真实有效地反映教师的信息化教学的考评制度是高校管理部门急需要解决的问题，只有高校形成客观全面、可操作性的且富有弹性的考评体系，将教师教学能力作为一个重要的考评项目，形成多元化的评价主体，确保对教师教学能力评价的客观性、公平性，才能促使教师从不同视角反思自己的教学实践，进而提升其日常的教学能力和科研水平。同时，信息化教学能力的激励机制也应建立并加大投入，从而提升教师信息化教学能力发展的内驱力，形成良性循环机制。

第三，优化教学模式，以学生为中心。MOOC、SPOC的教学形式与教学理念与传统的教学模式有很大的区别，MOOC、SPOC特别强调的是在日常的教学活动中以学生为中心，教师为指导，为学生的发展服务。然而，部分高校教师在日常教学过程中仍然采取以教师为主体的教学模式，这在一定程度上忽略了学生的课堂参与积极性和主观能动性，所以，在MOOC、SPOC时代下，高校教师应该革新教学模式，突出以学生为主体的教学理念，同时，也要适当结合学生的个性特点来开展日常的MOOC、SPOC教学。

第四，做好专业知识的自我提升，提高课堂的掌控能力。MOOC、SPOC时代下，对于高校教师而言，教师的教学能力的提升就显得尤为重要，高校教师要革新教学方式与方法、找准自身角色的定位，还要明确人才培养的理念和目标，所有的这些都有利于提高教师的教学质量和教学效率，此外，教师应积极参加学科培训提高自身的业务水平，因此，教师利用MOOC、SPOC的优势资源和技术，以及自身专业知识的学习来提高课堂教学质量和进行教学改革创新，改变传统的教学方法，提高课堂教学的效率和效果。此外，教师自我学习能力提升才能适应MOOC、SPOC对于教师的新时代的要求和挑战，如果教师只满足自身现有所学的学科专业知识结构而不积极主动地学习新技术和新理念，将会无法跟上新时代的发展步伐。高校教师对于现代信息技术、互联网技术、大数据等的学习将会提高其对于新知识的学习，将新知识、新技术、新理念、新思考与日常的教育教学活动相融合，从而加强教师自身的专业技术、专业知识的学习提升与突破，使得教师自身原有的教育教学知识体系得以提升。

四、高校青年教师教学能力现状及提升策略

（一）高校青年教师教学能力现状

第一，对高校教学理念没有深刻的认识。当前情况下，受到老教师和传统教学方式的影响，很多地方本科院校中的青年教师也会采用灌输式的教学方式，教师掌控着整个课堂。很显然，这与教育改革背景下的教学理念是完全背离的，会极大地影响到地方本科院校对人才的培养工作。

第二，缺乏对教师教学技能的系统培训。一直以来，大家都认为只有中小学教师才需要展开对他们的教育教学技能的培训，而大学教师都是有着很强的专业技能和本领，所以便不需要展开对他们的专业培训。实际上，并不是所有的高校教师都是师范毕业生。这样一来，有很多高校教师并没有经历过专门的教师技能培训，导致他们的教学技能并不成熟。当前情况下，作为本科院校的大学教师，应该充分掌握培养人才的方法和指导学生的有效策略。目前，针对地方本科院校青年教师的教学技能培训工作来看，还存在着培训时间短，培训内容不完善等各方面的问题。

第三，教学手段模式单一，缺乏有效的方法。当前很多地方院校本科年轻教师仍然是采用着传统的灌输式教学方法。在这一教学方法下，学生和教师之间的交流互动性并不高，而且师生关系也有待提升。不仅如此在教学课堂上，教师的语言缺乏感情色彩，这样一来，便导致整个教学课堂死气沉沉，学生缺乏主动探究知识的积极性。

第四，教学研究缺少或不深入。教学研究是青年教师提高自身教学能力和完善自我的有效途径，但是就当前地方本科院校青年教师来看，他们还没有形成浓厚的教学研究氛围，而且自身的教学变革能力并不高。通常情况下，青年教师都将自己的精力花在教学工作和教学任务上，很少有精力去展开教学问题的研究。不仅如此，很多地方本科院校青年教师承担着巨大的课程教学量，所以他们就必须要花费大量的时间去备课，这样一来，便难以在教学反思和教学研究上花费大量的时间。

第五，考核评价机制存在弊端。当前情况下，我国很多地方本科院校对教师

教学效果和能力的评价是非常单一的。评价机制主要是涉及三个方面的内容，分别是学校督导评价、院系领导评价和教研室同事间评价、学生评价。其中，院系领导和教研室同事的评价常常流于表面形式，学校的督导评价也难以全面地考虑到所有的教师，而就学生的评价来看，因他们看待问题很难深入，并为自己的课程成绩着想，所以也往往不能够真实地反映出教师的教学能力。在这种情况下，青年教师的教学能力便无法在评价机制下获得客观评价，进而导致他们难以真实地面对自身的业务水平。

第六，保障与约束机制尚未形成。通过教师实践培训高校青年教师能够有效地提高自身的教学水平，但是目前高校师资队伍培养和教师培训之间互不适应的问题越来越明显。主要问题体现在以下几个方面：培训理念落后、缺乏经费、缺乏科学系统的规划、学习内容没有考虑到教师的实际需求、教师参与积极性不高。除此之外，尤其是地方本科院校，针对教师教学能力的培养并没有构建出完善的机制。由此可见，地方本科院校还没有为青年教师教学能力的保障与约束来建设出完善的机制。

（二）高校青年教师教学能力提升的路径

第一，构建科学合理的培训体系。培训是短期内提升青年教师教学能力较为有效的一种途径，高校应针对青年教师设置科学合理的培训体系。从层次上划分，培训体系可以分为院级培训、校级培训、省级以上培训。院级培训是学院根据本学院的专业特点、承担的教学和科研任务、教师队伍结构、学生学业水平开展的一类针对青年教师的培训。校级培训是高校根据全校青年教师的特点、学校教学工作重点、上级教育主管部门有关要求开展的涵盖教育理论、教学方法、教改研究、课题申报、师德师风、课程思政等主题的培训，该类培训不针对某一学科专业，通识性较强。省级以上培训主要是指学校遴选优秀的青年教师代表参加省级教育主管部门或高教学会等组织的一类培训，该类培训往往对人数有限制，通过遴选优秀青年教师可以对校内青年教师起到辐射带动及再培训作用。

第二，设置形式多样的培训项目。高校可以设置教学讲座、教师工作坊、教学学术论坛、研修班、研习营、经验分享会、国内外进修等形式多样的培训项目。依据培训人员范围、培训人数、预期效果、主题内容可灵活采用不同形式。培训主题应内容丰富、重点突出，包括但不局限于高等教育理论、教师基本素养、教学方法与技巧、现代教育技术、教学研究与改革、科研课题申报、教学技能大赛、专业认证与评估等方面内容。培训项目分为必选项目和自选项目，必选项目为青年教师必须参加的培训项目，一般包括新入职教师研习营、新晋升讲师研修班、新晋升副教授研修班、师德师风培训班等；自选项目是青年教师根据自己的兴趣爱好或薄弱环节有针对性地参加高校组织的培训项目。

第三，以教改研究提升教学能力。青年教师在教学岗位经过一定时间的实践锻炼和经验积累后，对教学环节和方法会进行研究并提出改革意见。高校在设置教学改革与研究项目时，应对青年教师教改进行支持，校级教改项目给予其一定比例的项目立项指标，省级以上项目鼓励青年教师申报或作为成员参与研究。在高校的教学团队建设、一流专业与课程建设、特色专业建设、特色教材建设等教学建设工作中要明确要求青年教师参与建设。青年教师通过参与不同类型的教学改革，可以逐步掌握教育规律，更新教学理念，在提高自己教研能力的同时提升教学能力。

第四，以实践锻炼提升实践教学能力。实践教学能力作为高校教师教学能力的重要组成部分，受到越来越多的高校重视。这一点在应用型本科高校身上体现得尤为明显。高校通过选派青年教师赴校外企事业单位进行顶岗实践或者承担与专业相关的研发工作，可有效提高教师的专业实践能力，也能使教师掌握行业发展最新动态，了解企事业单位对毕业生的专业知识及能力的客观需求。在实践锻炼中，青年教师会反思自己的教学目标、教学方法和教学效果，并结合实际做出改进。同时在实践锻炼过程中，青年教师也会逐步凝练自己的研究方向，和企业共同进行技术研发和攻关，达到教学和科研能力的双提升。提供校外实践锻炼的企事业单位主要由学校同二级教学院部指定，可优先选择与高校合作基础牢固、规模较大、技术领先、在行业中有一定影响力的单位。青年教师的校外实践锻炼，既可以加强校地合作，服务地方经济建设，提高高校影响力，也可以改善教师队伍结构，有助于构建高校的"双师型"教师队伍。

第五，借助教学监控与反馈进行持续改进。高校大多设置教学质量监控机构，用于对教学工作进行过程管理，通过借助质量监控体系中的教学督导队伍、学生教学信息员队伍对青年教师的教学活动进行监控、信息采集、分析和评价，并形成相应的报告，最终反馈给青年教师。在高校定期组织的期初、期中、期末教学检查和专项教学检查中，重点关注青年教师的教学组织与教学管理，并将发现的问题进行反馈。青年教师梳理分析教学管理部门的反馈意见，并制订改进措施。针对青年教师在教学过程中出现的普遍问题，可由学校进行统一指导或培训。针对青年教师的个性化问题，学校可提供教学咨询服务，进行面对面"诊断"，并给出"治疗"方案。咨询服务团队主要由校内专家、教授及教学经验丰富的教师组成，也可邀请同类高校的名师定期"坐诊"，提供指导。通过对青年教师的教学过程进行监控、反馈、改进，形成良性循环，持续提升青年教师的教学能力。

（三）高校青年教师教学能力保证体系的路径

高校教学质量是一个多维度、多元化、多层次的概念，不同利益相关者对教学质量有不同的理解，用一个模糊的质量概念涵盖高校教学的所有方面使得内部教学质量管理行动往往难以达成共识，从而影响质量管理效果。青年教师教学能力保证体系作为教学改革的重要一环，需要深入切实探索，从政府、高校、教师三个主体切入，找到各自在教学能力保证体系中的痛点，精准变革。

第一，完善教育制度，下放教育资源。我国高校教育在特殊的社会背景下产生，正经历着一个精英化向大众化的过渡时期，其教育目标和教学任务的复杂性与多样性在百年探索中逐渐清晰起来，形成了一套比较完善的教育体系。教育制度是一切教学模式和教学活动的参考，不论怎样改革创新都离不开制度的约束，改革是基于把控社会平衡和合理资源配置的要求将现有标准发散的试验，要求从制度上发现问题，找到制度与现实相匹配的最优路径从而实现制度意义的最大化。如今的高校面临的新挑战是如何把优秀的、不同学科的人才组合起来，突破体制机制瓶颈，使青年人才跃至"奋发态"；完善服务保障体系，使人才乐享"稳定态"。目前我国高校教育制度下存在的主要问题表现为资源失衡、实践缺乏、教学机制不匹配、师资力量薄弱。针对全国高校资源失衡的问题，政府应当考虑到各地教育水平的参差，适度分配教育资源，其中包括硬件资源和软件资源。例如大力支持高校信息化建设，优化教学环境和教学设备，为科研提供技术支持以平衡"重教学轻科研"现状；不同级别高校享有不同专业的设置权限，不以统一标准要求，使得级别不同的高校在适合自己的领域拥有良性发展和创作的空间，而不是"随大流"完成任务。政府还应大力开放实践课程，鼓励高校建立大学生实训基地、支持校企合作以达到教师和学生"产学研"相结合。加强教学机制的更新，以适应不断发展的社会需求；新环境需要新型人才的配合，在制度上还应注重教师队伍尤其是青年教师的培训和考查机制，鼓励学习国外或国内新型优质教学体系的试行。

第二，建立约束机制，教学监控反思。如今的高校已经成为集教学、科研和社会服务等诸多功能于一体的社会活动组织。没有科研，教学走不到前沿；没有教学，科研成果无处展示；没有社会服务，科研和教学就跟现实脱节，无法教书育人。高校教育不同于初中等教育，属于培养职业人员与高级专门人才的社会活动，其教师队伍存在周期短、流动性大的特征，教研与教学的矛盾始终无法达到平衡，这与学校的任教制度和教学体系密切相关。高校教育非升即走的聘任制盛行，这意味着组织与个体的关系不再是"从一而终"的终身制关系，聘任制有着明确的责任条款和履约期限，强调组织中的学术个体按照聘任要求在约定期限内给予绩效回报，以提高高校资源配置的效率和绩效水平。它抑制了青年教师的发展空间，使得青年教师一味地执着于教学考核和教学任务的达标，也使整个学校的教学考查模式过于激进，缺乏合理性。青年教师作为高校教育改革新生代力量，仅仅依靠聘任制中的绩效考核不足以达成教学能力保证体系的目标，还需要高校建立教学监控和教学反思体系。教学监控需要高校有针对性的干预和指导教学，而不是采用"一刀切"式的考核方式，最大限度地发挥出青年教师的创造活力和专业能力；同时又不过分放任青年教师自主教学，适时加以引导，给足教学空间。教学监控是高校与教师之间的沟通，那么教学反思便是教师与学生间的互动，教学重在一教一学，教师与学生双向接收以达到教学的目的。教师不仅要自我反思，还需要通过学生的反馈进行反思后的调整，这种反思不单指反思教学方式，而是通过组织相关问卷调查、交流会等方式以学生角度看到教学模式中的不足并加以改进。

第三，加强团队建设，提升教师水平。如今许多高校青年教师大多是博士生乃至研究生刚毕业的非师范生，在入职程序上往往以短期岗前培训代替专业考取的教师资格证，在一定程度上不具备教学能力，加之其专业特性和实践经验不一，导致青年教师的教学能力良莠不齐。对于部分青年教师来说，还可能会以博士、博士后在读身份入职，教学任务于他们来说变成实践和培训之用，在教学过程中更注重于个人发展，致使重科研轻教学现象加重。正因如此，许多高校青年教师教学志向不在于此，导致教学流动性大，这也放缓了高校教育质量提升进程。同时教师考核标准无法统一，教学能力无从界定，青年教师教学能力提升难度增大。提升青年教师教学能力首先要提升青年教师的教学志向，使教学志向在从事教学活动中达到角色和态度的转变过程，实现由被动意识向主动意识转变、仿效意识向表率意识转变、放任意识向严谨意识转变、从众意识向独创意识转变。青年教师作为教学的关键性人物，需要从自身入手，提升专业能力，踏踏实实积累经验，拓宽生存空间。加强团队建设，组建老教师带青年教师的"帮带"模式，以讲座、竞赛、研讨等形式促进教学团队建设，引导青年教师将教学活动中的历练与前人经验相结合，达到事半功倍的效果。此外，还可以采取相应的激励政策，提升青年教师的积极性和竞争力，发挥出青年教师的特长和个性，为教学能力保证体系创造不竭动力。

第四节 教师的职业规划

一、我国高校教师的职业特点

近年来，随着我国高等教育的发展，高校教师的数量和比例不断增加，高校的生存和发展与高校教师的发展是密不可分的。随着社会经济的发展和生活节奏的加快，当前高校教师面临着前所未有的压力，高校和社会对高校教师提出了更高的要求。在面对压力的同时，高校教师也有了更多更好的机会，如何抓住机遇并实现自身的发展，需要高校教师与时俱进，跟上时代的步伐，制订行之有效的职业生涯规划。重视高校教师的职业生涯规划是提高高校核心竞争力、促进高校可持续发展的重要途径。高校教师职业规划管理是从青年教师所处环境、个体情况出发，基于学校发展、教师发展的双重目标，来规划教师的职业发展路线。在高校的发展过程中，教师是发展的主力军，因此，必须高度重视高校教师的职业生涯规划。

教师，广义上是指在高校的教职员工，包括教学服务人员和管理人员；狭义上是指以教学科研工作为主要职能的教职工。高校的教学科研水平是由教师队伍的整体水平决定的，而青年教师是中坚力量。青年教师是高校教师群体的重要组成部分，他们普遍具有较高的文化素养，能够凭借其勇于探索的精神和开阔的眼界，成为高校行政管理、教学科研的主力队伍。与此同时，他们的理论素养、道德情操、政治素养对大学生的成长成才产生直接的影响，为此，青年教师的思想状态、生活情况、工作状态等，都值得高校高度关注。高校的青年教师普遍具有以下特点：学历比以往更高，在学校接受过教师职业技能的专业训练，有一定的教学能力，知识系统更新快，思维活跃，一部分教师已经是教学科研的中坚力量；在工作中热情高，上进心强，信心足，积极进取；与老教师相比，使用先进教学手段的能力更强，思想意识也更加超前，与学生的沟通更加畅通。但是，青年教师由于自身的特点又有许多不足之处：受社会中一些不良思想的影响，工作不积极、敬业精神缺乏、教学工作敷衍也成为一部分青年教师的常态；接触教学和科研的时间短，经验不足，专业知识储备量不足，教学方法和手段简单；业务能力不平衡，无法协调教学和科研的权重；师德修养不足，易与领导、同事和学生产生矛盾，人际关系堪忧。

二、高校教师职业发展面临的挑战与原因

在国家高等教育和科技创新快速发展的背景下，各高校内部治理体制不断改革创新，给高校教师带来了发展机遇，也形成了新的挑战。究其原因，职业发展支持系统未能有效建立或未能有效运转，是当前高校教师职业发展普遍面临的困境所在。

（一）教师职业发展困境

一是部分教师职业转换不顺利，职业发展面临瓶颈。大多数教师在担任高校教师之前没有过工作经历，入职后需要花较长时间适应高校管理制度。少数教师在人际沟通、时间管理等方面的能力较弱，在短时间内未能建立较好的职业意识。由于项目申报难、论文发表难、教学任务重，相当一部分教师无法达到自身期待的职业目标，容易产生职业倦怠。与此同时，教师、研究者、子女、伴侣、父母等多重角色间的冲突，也容易造成教师倍感压力而无所适从。

二是部分教师履职状态不佳，持续发展基础不牢固。在教学方面，大多数教师入职后便直接走上讲台，"一边学、一边教"的状态既难以保证教学质量，又容易降低教师工作满意度。在科研方面，一些教师面临着"没有成果积累，没有项目竞争力"和"没有科研项目，成果难以发表"的双重困境。在社会服务方面，一些教师对社会的认知度还不高，缺乏与地方经济社会发展和产业需求的有效对接能力。

三是部分教师职称晋升通道拥堵、教学评估难测。一些高校教师面临着"项目为王"和"不发表就出局"的压力。以文科为例，部分高校要求评聘副教授的教师要完成省部级以上科研项目1项，在CSSCI或SSCI来源期刊上至少发表5篇论文等科研任务，部分高校还有教学论文、教学成果奖要求，对一些教师而言很难限时完成。在考核压力之下，教师不得不延长工作时间，牺牲休闲时间，无暇顾及家庭生活。

（二）影响教师职业发展的原因

一是部分教师职业发展能力较弱。高校教师大多是"学而优则教""学而优则研"，部分教师对职业前景、社会现实的认知度不足，自我认知较高、职业期待较高。因此，当教师入职后面临学校的岗位考核、同级的激烈竞争，这种认同

感逐渐被岗位评聘压力所取代，就会造成成就感降低，情感维系减弱。有些教师对社会需求不了解，学术研究"悬在空中，不接地气"；有些教师对项目立项和管理办法研究不足，浪费了很多精力但收获甚微。

二是部分高校人力资源管理刚性较强。为实现高校教师队伍的优化配置，解决教师队伍慵懒问题，近年来很多高校实施"非升即走"等聘任制度和考核制度，但由于人文学科、社会科学和自然科学的，差异以及教师个体能力结构的差异，部分教师在工作经验欠缺的情况下较难实现在教学、科研、社会服务、行政工作等方面全面突破。

三是高校教师的社会支持资源不足。大多数教师的职业起步依赖于自身的"学缘"关系，自身职业发展的社会网络还未形成。部分高校未能为教师建立完善有效的"传帮带"机制，未能在学院、系科、教研室内部建立教师成长培养机制。面对家庭成员和社会公众的期待，有些处于职业生涯初期的高校教师很难具备相应的知识、能力、收入水平和社会地位，更承担着购房、结婚、育儿等现实生活压力，造成其职业内驱力不足。

三、高校教师对职业生涯认识的基本情况

（一）认识足够，但认真规划者少

首先，大多数教师能够认识职业生涯规划的重要性，但其中目标明确、认真规划者仅占少部分，大多数人则目标模糊，没有进行详尽的规划。而高校教师中的青年教师正处于工作起步的重要阶段，在进入工作岗位后，需要适应新的环境，探索出适合自己的教学风格，做好前期积淀。其次，劳动工作复杂，成果量化难度高。教师需要与大学生打交道，在与学生的互动中彰显教学成果，使高校教师的工作成果难以量化。在职业生涯发展方面，教师主要分为两类：一类是主观职业生涯规划不强的教师，他们缺少职业生涯规划意识，没有长远的发展规划；另一类是主观职业生涯规划意识较强烈，但缺少职业生涯规划方面的知识和环境分析能力，导致这类教师职业生涯发展规划可行性不高。由于高校工作的特点，大多数高校教师在工作初期都表现出对职业发展方向的迷茫，教师在职业初期大多是身兼数职，从事着教学工作、技术服务工作、教务工作、科研工作等，有的还要考虑进一步深造和"双师型"的转变，方向多、目标不清晰。在某些高校中，教师对学校和本专业总体发展规划和脉络不清晰，所以对自身的职业理解不够，只能被动地发展。大多数人认为学校没有给教师的职业发展提供相应的政策支持，

个人缺少发展空间和机会，日常工作繁重，没有时间顾及自身的发展。部分教师职业的发展还受到自身条件的制约，本身目标不明确，工作的部门不受重视或支持，这些都严重影响了高校教师的职业发展规划的制订。

（二）工作任务繁重，能力提升机会少

高校教师入职后往往被分配大量重复性的基础工作，由组织和领导来安排工作，对自己的职业生涯规划通常处于被动状态。但受到生存压力和晋级压力的双重作用，高校教师需要承担的教学任务和科研任务非常繁重，使他们没有充足的时间和精力用于个人的发展。除此之外，教师的知识更新压力较大。在"互联网+"时代，知识更新速度越来越快，对高校教师来说，为了满足学生要求，需要更新教学方法和手段，主动获取新知识，以较强的创新能力面对工作。对需要完成的工作，大多数高校教师认为重复性的工作多，对提升能力益处不大或毫无帮助。因此，学校领导应重视教师的工作层面，从学校的根本利益和教师的职业发展的角度进行科学规划，帮助高校教师在工作中不断完善自己。

（三）待遇低，进修机会少

高校教师入职后，会面临工作、生活中许多困难和不如意，如：工作任务太重、没有升职机会、看不到发展希望、人际关系紧张、收入低、待遇差、短期内买不起房等问题。许多高校教师都曾有过职业生涯规划，但在繁重的工作中无法达到预定的目标，为了完成教学科研及其他杂事需要夜以继日地加班，为了达到工作量需要上几门课程，兼职辅导员、教学秘书等工作；为了晋级还要完成科研任务、写论文、搞专利、出成果。高校教师更希望有学习和进修的机会，寻求能力提升的途径和方法。学校和领导应给高校教师创造更多的学习、进修、更新知识的机会，提高教师的待遇，在事业发展上给予关心与支持。在科学研究上要给他们宽松自由的条件，积极为他们解决生活中的困难。

四、高校教师职业发展支持系统的结构要素

职业发展，是个体在职业领域中利用组织和社会资源充分发挥各方面能力，从而实现其职业生涯目标和职业岗位价值。从职业生涯管理理论出发，个体的职业发展，不是仅靠个体的认知、能力和行动就能完成，而是需要个体、组织、社会等多元要素的系统性支持才能实现。

第一，个体、高校、社会是高校教师职业发展支持的主体要素。高校教师个

体是其职业生涯规划和发展的第一主体。教师对高校教师这一职业的岗位认知、价值认同、目标设定、专业能力等，关系到其职业发展的内驱动力和实际效用。作为教师职业载体的高校，其招聘条件、绩效管理、岗位制度、职称评聘等构成了高校教师职业发展的制度环境，组织关怀、人际关系、工作环境等是影响高校教师职业发展的柔性生态。高校教师职业发展的社会要素包括其原生家庭和新组建家庭的支持度、政府的人才政策和科技创新政策、社会群体对高校教师的认知程度等。高校在国家高等教育资源分配中所处的地位，也直接关系到高校教师职业发展所能获得的外部资源。

第二，情感、价值、制度是影响高校教师职业发展的内容要素。情感要素是指高校教师在职业发展过程中所能获得的情感支持，如领导的信任、同事的帮助、学生的敬佩、家人的支持、工作成就感等。价值要素是指高青年教师在对教师这一职业所涵盖的任职条件、岗位职责、职业收益、职业发展机会，以及在对其所在高校人才引进和录用、人事考核、职称评聘、组织管理效用的认知基础上，所形成的价值认同和组织归属感。制度要素包括对高校教师职业发展产生正负激励效用的绩效考核、职称评聘、岗位体系等管理制度，以及人才政策、科技政策和产业政策等。在情感联结、价值认同等内驱动力和组织制度等外驱动力的复合作用下，高校教师将主动探索职业发展目标，积极开展职业生涯行动，提升专业发展能力。

高校教师职业发展的主体结构与内容要素是关联互动的。高校教师的职业发展不是单一主体的支持行动，而是多元主体在情感、价值、制度等具体支持内容方面的协同共促，是外部资源与内部驱动相互作用、共同发力的综合结果，是具有系统性、全过程、全方面特征的协同共治共享过程。如高校对教师的科研任务要求，是高校人力资源管理的制度规定，高校教师的自我效能感可以将外部的绩效管理制度压力内化为履行岗位职责的内驱动力，并围绕任务要求形成科研工作的行动策略。高校教师完成科研任务后，获得高校给予的激励、同行的认可、社会的尊重，又进一步强化其对高校教师这一职业的价值认同和情感联结，为其职业发展建立更充分的支持资源。

五、高校教师职业生涯规划的建议

（一）终身学习是根本

在人工智能迅猛发展的时代，教师要有勇气做出变革，也要坚信自身可以适应新的时代要求，将其作为一种"教"的信念始终伴随着自己。这样的意识状态可以使自身能够欣然接受终身学习理念，勇于面对人工智能技术的挑战。不进步就等于后退，已经逐渐成为一种深入人心的观点。未来必定是新科技层出不穷的时代，教学内容和教学手段也必定不断翻新，教师只有紧跟时代步伐才能不被时代淘汰。人工智能倒逼教师要与时俱进，既要一如既往地更新学科前沿知识，又要掌握基于人工智能的全新教学方式、教学手段，还要关注时代的人才需求，在这个技术迭代升级速度越来越快的时代里，及时感知和把握社会的人才需求，调整教学目标和教学内容。

（二）转变工作重心

人工智能时代，教师的工作重心从讲台上的亲力亲为，转变为教学活动的开发、设计和学生心灵的陪伴、引导。

1. 做好教学活动的开发和设计

人工智能已经能较为圆满地取代教师那些机械的、重复性的讲解工作，教师的主要职责已经不是"教"，而是引导学生"学"，要做好学生学习活动的设计者，学习行为的指导者，学习过程的促进者。教师要以学生为中心，为学生设计合理的学习目标，帮助学生选择合适的学习资源，指导学生选择科学的学习方法与策略，引导学生对自己的学习行为进行自我观察、自我分析和自我调整。

2. 成为学生心灵的陪伴、引导者

只关心学生知识和成绩的教师将会被人工智能取代，而从知识和成绩入手，引申帮助学生解决心理健康问题、树立正确的世界观、人生观、价值观，成为学生心灵的陪伴和引导者，则是教师无可替代的职责。人工智能可以"教书"，但却不能"育人"。教育的本质决定了教师角色的不可替代，也对教师自身育人能力提出了迫在眉睫的要求。教师应当不断提高自身思想境界，并且对学生给予更多的爱。提高哲学、教育学、心理学、社会学、文学方面的素养，不断提升自身的价值观，用自己积极的人生态度，言传身教、潜移默化地浸润学生心灵。提高解决学生生活和学习中常见问题的能力，

（三）更新教学技能

教师有计划地逐步学习各种在线教学软件，例如，超星、智慧树、云班课、钉钉、腾讯会议等。自如切换直播教学、录播教学，熟练运用共享PPT、手写公式、点名、发放问卷、在线分组讨论、组织考试等各种功能。做到课前提供教学资源

帮助学生预习、课上实施多种方式学习和互动、课后运用多时空答疑辅导、灵活运用多种途径实现在线考试。教师应熟悉并操作基于人工智能技术的教学仪器，可以通过经常关注或参加各种教育仪器博览会等方式，来获取最新教育仪器设备的信息。勇于学习和尝试新式教学方法，例如，慕课、翻转课堂等。在教学方法改革的实践中，落实育人目标。先从简单的方法手段开始，例如，改革传统点名方式，利用软件的点名程序提高点名效率。逐渐实现教学方法的改革，调动学生学习的主动性，提高教育教学质量。教师应有意识地掌握教育心理学的理论和技能，了解学生的心理状态和需求，熟悉特定年级学生通常存在的心理问题，以及学习中容易遭遇的困难。教师要养成和学生勤于沟通交流的习惯，妥善解决学生的心理问题无疑是启动了学生学习的"发动机"，可以产生事半功倍的效果。

（四）反思贯穿始终

若说教师专业发展存在某种"秘密武器"，必非反思莫属。反思是人类改正错误取得进步的阶梯。教师应进行教育教学研究，养成思考记录的习惯，不断以教研促教学，注重开展反思性实践。要始终反思是否运用人工智能技术实现了教育的发生，即学生真的理解了、明白了，而不仅仅是使用了人工智能技术。教师既要在课后主动反思，撰写反思日记，发现教育教学中存在的问题，在下一次课前做出调整；又要在课程进行中，随时觉察到自己的教学情况和学生的学习状态，在教学进行过程中及时做出改变以适应当下具体的教学情境。对每一项新技术的实用性进行研究必然是有价值的，但是当需要平衡时间和精力，教师需要为保证课堂教学质量保留足够的时间而为自己新技术的学习设定一个合适限度之时，教师能力标准理论模型能够提供启示。基于此理论得到的建议为运用人工智能技术让教育发生。这是判定一位教师的课堂教学是应该继续提升教育技术，还是提升基本的教育教学知识和能力的唯一标准。教师应该与人工智能为伴，对新技术抱有终身学习的态度，但是不能唯技术论，新技术学习和应用到什么程度，最终要看课堂教学中的教育是否真正发生了，学生是否真正明白了、听懂了。有了这个原初的"一"的理论，每一位教师都可以在教育实践中展开自己无比丰富的创造，展开那些"多"。未来还会出现更多新技术，这些新技术是否适用于课堂教学，本文提出的策略将有望成为一个有效的判别标准。

六、人工智能时代教师如何规划自身专业发展

（一）职业生涯规划应有个体特点

高校教师所处的职业环境不同，个人素质、目标追求和专业特点均有着很大的差异。因此，在制订职业生涯规划的过程中，应密切联系实际，有针对性地制订职业生涯发展规划。通过对自身进行科学的职业生涯规划，可以让高校教师正确认识、评估自己，找出现实与理想的差距，重新定位自身，挖掘潜在的资源优势，达到扬长避短、提高自身综合竞争力的目的，实现职业生涯的稳步发展。一个人的职业生涯会受到外部环境的影响，但主体仍是高校教师本人。高校教师要更好地适应工作岗位，提高自身的核心竞争力，就需要加强自身的思想意识，牢固树立职业生涯发展的理念，对自身教师职业生涯的发展进行统筹规划和合理布局，采用科学的方法对自身条件进行分析，根据实际的优势和不足确定发展目标，找到努力的方向。教师应把日常工作作为提高自身能力的一种手段，在工作中兼顾自身的能力、兴趣、个性、特长和理想，在发展自身的同时能够适应学校的总体发展。高校教师要有终身学习的意识，尤其是信息技术不断更新、升级的当下，只有实现自我提升才不会被社会淘汰。高校教师要对自己的职业发展目标实施动态调整，及时接受新事物，才不被社会发展所淘汰，逐渐实现职业发展目标。

（二）高校应对教师职业生涯规划进行指导

不少高校教师刚来到高校，对学校和自我发展的定位不明确，在工作中，很容易感到困惑。学校应组织有经验的老教师帮助青年教师制订职业生涯规划，定期聘请专家帮助青年教师加强职业素养，组织师德培育、沟通意识、团队意识、工作意识等方面的培训，使教师在执行职业规划中能够切实地感受到成长。与此同时，学校应多创造机会让教师参加各类培训和学术交流讲座，接受新的教学理念，积极提高自我能力，推动自身职业生涯的发展。学校组织骨干教师开展示范性教学活动和各类教学研讨活动，树立职业标杆、找准职业方向，以提升高校教师的自身素质。学校应因此施教，发现教师的优势，发掘教师的潜力，让有能力者拥有快速提升的通道。

（三）职业生涯规划应该有持续改进的机制

职业生涯规划的制订是高校教师自我提升的需求，高校是其平稳运行的平台，为高校教师制订合理的职业生涯规划提供原动力以及生根发芽的土壤。高校教师

应主动对自己的职业生涯规划做阶段性总结，时间多为半年或一年，对目标进行有效评估和实效追踪，在实践过程中不断总结和反思，分析不能达成预期的原因，提出持续改进的措施，对实践中出现的新情况做出适当的调整，使职业生涯规划更加趋于合理、更具可操作性。职业生涯规划的总体形态是呈螺旋上升的渐进发展模式，在不同的阶段需要解决不同的问题，同时，不同阶段追求的目标也有所差异，阶段性的小目标应趋向于总体的大目标，随着认识的不同目标也应进行合理调整。

七、高校教师的职业发展支持系统的构建

高校教师职业的可持续发展，需要结合个人职业生涯管理和组织人力资源管理的双重视角，以个人和高校为主、社会为辅，建立稳定强大的情感联结，形成正向积极的价值认同，发挥高效灵活的制度效能。

第一，重塑高校教师职业发展的主体性功能。一是重塑高校教师理性的职业认同。客观理性的职业认知，依赖于高等教育阶段职业生涯教育的有效嵌入，尤其是应在研究生培养阶段让学生充分了解高校教师的任职资格、岗位职责、职业收入和职业环境信息。高校应及时完善岗前培训机制。在教师入职后，积极帮助其清晰地了解自身的职业环境和岗位职责。高校教师应尽量提前进入履职状态，确立科学合理的职业生涯目标，并形成具有实操性的职业生涯行动策略。二是激发高校教师的职业发展动力。职业发展动力由环境、效能、情感、认同等共同激发，受到个人自我认知、职业价值判断和职业目标实现可能性的影响。高校教师应理性探究自身的性格、兴趣、价值观、能力与职业是否匹配，积极确立良好的情感联结。入职后，高校教师要维系好学缘关系，积极营造新的社会联系，构建自身职业发展的社会网络。三是提升高校教师的职业发展能力。高校高校教师的学习能力较为突出，入职后应积极培养课堂教学技能，主动参加教学观摩研讨、学术会议、调研访谈等活动，在互动中提升自身的职业发展技能，尽快缩短新教师的角色转换期。高校教师应客观看待自身工作经验欠缺的短板，重视沟通表达、人际交往、行政办公等通识性职业能力的开发。

第二，建立基于能力规律的高校教师管理制度。一是优化人才评价制度。高校应以自身的发展定位来确定所需的教师队伍，在人才评价上区分教学型和科研型，让有志于、擅长教学的高校教师看到职业发展的未来。高校要坚持不懈地破除"五唯"思维，注重科研成果的学术价值、社会贡献和产业效益。同时，破除

管制主义的窠臼，充分发挥学术委员会、教授委员会等组织载体的学术性功能。二是建立基于能力规律的高校教师绩效考核机制。在职业发展初期，高校教师的创新能力较强，而社会能力相对偏弱，高校应注重激发其主体意识、创新意识，注重培养其教学技能、科研素养。在职业生涯中后期，随着高校教师经验阅历的积累，社会能力逐渐增强，高校应注重对高校教师人才培养质量、学科专业建设及对社会服务贡献的考核。三是强化高校教师的职业生涯开发。职业生涯的开发要覆盖到职前和职中，根据高校教师能力发展的阶段性特征，紧密结合教师的岗位考评、职称评聘需求来设置培训内容。如对高校教师科研能力的培养，可围绕具体论文的修改完善、科研项目的选题论证等方面展开。

第三，拓宽高校教师职业发展的社会支持渠道。一是积极营造高校教师职业发展共同体。在院系、教研室层面，建设共治共享的发展共同体，确立"帮扶带"机制，形成"老青相助""青青相助"的共同发展氛围。建立教师成长支持机制，可在高校科技协会、社科联内部设立教师分会，举办高校教师学术沙龙、教学工作坊等活动，强化高校教师的交往互动和情感联结。二是建立基于市场逻辑的创新资源分配机制。以产学研用一体化为方向，改变创新资源分配的行政主义逻辑，以社会、产业需求为导向来设置学术创新主题，通过自然科学基金、社会科学基金项目的引导，发挥高校社会服务平台的功能，扎实推进教师职业发展与国家需求、区域发展的融合。在此过程中，推进科研制度"放管服"改革，加强绩效激励，提升高校教师职业发展的内驱力。三是营造职业发展与家庭生活相平衡的职业发展环境。高校可在课程安排、行政事务等方面强化教师的工作时间意识，引导其提高时间管理质量；提供职业咨询、心理咨询服务，帮助高校教师做好职业生涯管理。另外，还应注重人本管理，由工会、党支部等组织牵头开展亲子、运动会、文艺活动等人文性强、交互性强的集体活动。

第三章　英语教师的职业素养

本章为英语教师的职业素养，从英语教师的角度对职业素养进行介绍，共四节。第一节为英语教师的职业道德，第二节为英语教师的专业知识，第三节为英语教师的教学能力，第四节为英语教师的职业规划。

第一节　英语教师的职业道德

一、提升英语教师职业道德重要性

（一）助力教师的全面发展

1. 推动教师道德规范和职业品德发展

高校英语教师只有积极主动地加强个人的职业道德修养，才能提高自身的师德品质和养成良好的师德习惯，才能为国家和社会培养出更多更高质量的建设者和接班人。教师道德规范和职业品德也是开展教育教学活动的前提。英语教师要有崇高的理想信念。理想信念对一个人尤为重要，犹如灯塔一般指引人生的方向，指导人的生活、工作和学习；英语教师要有道德情操，要不断加强职业道德修养以适应社会的不断发展；英语教师要有扎实的理论，丰富的理论知识体系是教学的前提，才能赢得学生认同，树立教师威信；英语教师要有爱生如子的情怀。列夫·托尔斯泰曾说过："若一个老师只爱事业，那他会是一个好老师。若一个老师只是对学生能如父母一般，那他会是一个比那种饱读诗书但不爱孩子、不爱事业的老师更好一些的老师。但若一个老师能将对学生和对事业的爱融为一体，那他便会成为一名十分完美的老师。"好教师离不开教师的职业道德修养，提升职业道德修养是教与学矛盾解决的关键因素之一。英语教师要积极跟随党和政府的步伐，为社会主义添砖加瓦。正确分析国内外环境，自觉抵制西方资本主义的诱惑，加快提升自身职业道德修养。

2. 增强教师的育人职责意识

"教书育人，德育为先"。育人是教师的天职，在育人的同时培养出具有过硬的政治素质及高尚道德品质人才，是所有教师的共同目标。仅仅依靠专业的"思政理论课"去实现立德树人的目标是远远不够的，这必须要求所有高校教师充分发挥课堂教学育人课堂的主战场地位，着重将思政教育融入各类课程的教学中。提倡所有学科的教师都主动挖掘学科中的思想政治教育潜在资源，承担起学生健康成长的引路人。

英语教学逐渐由低级到高级、简单到复杂形成了一套完整的体系，它的长期性为思想政治教育提供了基础。高校英语对英语的要求更高，高校英语教师团体常涉及海外教育教学背景，英语语言本身就存于意识形态领域，在这种情况下，高校英语教师在育人方面的责任重大，要在英语学习过程中正向引导学生避免被多元文化影响而形成不恰当的价值取向。如何在英语教学中对学生进行社会主义核心价值观的教育，落实立德树人教育的根本任务，是每一位高校英语教师必须把握的重要尺度，英语教师在课堂教学中，通过提升自身道德修养把思政教育落实到日常的教学之中，以英语课程教学内容和形式为抓手，以讲好中国故事、传播社会主义核心价值观为核心，在英语学科课程中探索吸纳德育资源，积极渗透思政教育，批判地借鉴和吸收西方文化，使英语课程成为"隐性思政"课程。英语教师不仅承担传授文化知识的义务，更担负着学生的思政教育的责任，故而教师首先要提高自身的道德意识，才能有效挖掘本学科教学内容中的思政因素，并结合自己教学经验，根据学科特点巧妙地设计和融合思政元素对学生进行思政教育，在对学生进行教育期间，高校教师既要充当好教书匠角色，又要做好思想引导的角色。帮助学生提高各方面素质，形成正确的人生观、价值观和世界观，使学生做到先成人再成才。

3. 转变英语教师的育人理念

在传统的语言教育理念的长期影响下，部分英语教师只看到英语的语言工具性价值，育人理念出现偏差，将工作重心集中于如何提升学生的英语知识和能力上。部分英语教师为提升教学效果，积极营造语言环境，并在日常教学中向学生传递西方文化价值理念。不可否认，这确实对提高学生英语语言水平有帮助，但是教师却忘记了"育人"才是教师"教书"工作的首要任务和重要使命。在"课程思政"背景下高校英语教师提高自身道德修养，能够最大限度地激发英语教学潜在的思政育人功能，帮助教师转变育人理念。一方面，传统的英语教学以教师为主，学生处于被动接受的状态，这样的教学方式容易挫伤学生的学习主动性，加重学生学习负担，而教师提高自身道德素质能够让教师更加清晰地意识到道德教育的意义和价值；另一方面，教师的职责不仅在于教书，而且在于育人，教师自身道德需要的提高能够帮助英语教师找回自己从教的初心，重新认识自己的职业价值和教育使命，确立"育人先育德"的教学理念。

4. 推动教师教学现状的新改变

当前，我国正处于经济社会转型关键期，高校英语教师正受到多元化、多层次思潮及外在因素的冲击和影响，英语教师队伍，尤其是青年教师易受社会影响，出现一系列诸如敬业精神缺乏、奉献精神缺乏、职业认同淡化、育人意识淡薄、学术诚信缺失等各种师德相关问题，这恰恰反映了当前高校青年英语教师在师德、师风建设提升上的必要性和重要性。

（二）推动高校教学质量提升

1. 提升高校思政教育质量

近年来，教育部针对人才培养工作多次提出意见，指出："将课程思政融入课堂教学建设全过程。"[①] 面对新要求，高校各学科教师要明确承担的道德义务，不但重视对学生专业能力的培养，还应加强德育渗透，促进学生德智体美全面发展，为达成学生的理想和目标提供全方位的教育服务。对于英语学科而言，其教育对象是未来服务于跨文化领域的高等人才，他们不仅仅是社会的建设者，更是文化的传播者。因此在英语教学中渗透德育教育，是完成立德树人根本任务必不可少的渠道，也是解决学生思想问题的重要手段。相较于在专业教学中进行教育而言，德育的渗透有着潜移默化的特征，可间接地影响学生的思想和价值观念，利用灵活的育人方式促进学生的语言学习，并有效提高学生的道德素质和水平。

目前社会上存在不同的思想，若让人们分辨社会主义的主流思想，答案显然是马克思主义思想，但在现实情况下人们的思想却容易迷失。很明显马克思主义的力量在一定程度上被资本主义价值理念所消解，这种价值理念必然会冲击人们的思想，社会主义现代化建设的进程在一定程度也受到影响。英语课程内容多以西方发达资本主义国家为背景，在高中及高校英语课程设置中尤其突出，课程内容通常会涉及西方国家的经济体制、文化背景、政治思想、生活习惯等。高校学

---

① 中华人民共和国教育部．教育部关于印发《高等学校课程思政建设指导纲要》的通知[EB/OL]．（2020-06-01）http://www.moe.gov.cn/srcsite/A08/s7056l202006/t20200603_462437.html

生思维活跃,且长期生活在相对单纯的"象牙塔"里,对于新生事物缺乏鉴别能力且极易接受,高校英语教师若不注意在教学中进行正确的思想引导,学生的价值观很容易被腐蚀。故而,英语教师在充分利用英语学科新异性和人文性的同时,提升自身道德素质,在教学中渗透思想政治教育元素,同时也要用党的创新理论去牢固塑造学生的社会科学思想。在长久的英语学习中同时融入思政教育,才能持久地塑造学生正确的"三观"及道德信念。思政教育最终的方向是坚定大学生的马克思主义信仰、保有他们内心的社会主义信念,让他们具有家国情怀的思想,对实现中国梦充满信心,能够把国家民族的前途命运融入个人理想。

当前,部分高校思政课程的开展依然局限于思政课堂,与其他课程的融合有限,教学"孤岛化"现象明显。此外,教学内容和教学方式长期以来得不到更新,在思政课堂上,部分教师"喋喋不休",而部分学生则"昏昏欲睡"。在全球化背景下,西方多元价值的冲击使得部分大学生出现了理想信念不坚定,以及社会主义核心价值观动摇的问题,思政教育面临更加严峻的挑战,教学改革势在必行。高校英语教学课程的设置、教学课时的安排及授课内容的选择都体现出高校英语教学推行"课程思政"的天然优势。一方面,高校英语教学与思政教育在教学目标的设置方面较为一致,都是为了培育适应社会经济发展的时代新人,且作为必修课程,大学英语课程开设的周期时间较长,为课程思政稳定和持续的实施提供了保障;另一方面,语言背后传递着文化价值,英语教学作为一门语言文化,内含丰富的文化价值,这为思政教学提质增效提供了更多教学契机,对改善大学思政教育质量意义重大。

2. 推动高校英语教学改革

部分高校英语教学发展滞后,受传统教学模式的影响,教学改革阻力重重。部分高校在推行教学改革时没有清晰地认识到英语教学的人文性特征,弱化了英语教学背后的文化价值传递对学生人文素养和意识形态的影响,忽视了高等教育在新时期所承载的培育德才兼备综合性人才的教学使命,教学改革方向性问题并没有落到实处。高校英语教师提升自身职业道德素养有利于高校英语教学改革的顺利推行。一方面,高校教师提升自身道德素质才能将课程思政融入高校英语教学,这样才能符合高校人才培育的定位,即为国家及经济社会发展培育既具备高水平英语素质,又拥有爱国情怀,并乐意服务社会的综合性人才,突出强调了英语教学的社会主义方向;另一方面,高校教师提升自身道德修养才可以对传统英语教学进行创新和发展,特别是多样化且接地气的教学内容、形式新颖的教学形式和丰富多彩的英语课外实践活动,能够有效缓解部分学生对于"课程思政"的抵触心理，提高育人效果。

（三）有助于培养学生正确的文化观

1. 为学生树立正确的价值观榜样

十九大报告指出，中国在特色社会主义进入新时代，我国社会主要矛盾已经转化为人民日益增长的美好生活需要和不平衡不充分的发展之间的矛盾[①]，解决主要矛盾除了从政治、经济、文化等方面入手，教育方面的因素也尤为重要。高校学生虽然具备了一定的理论知识体系，但在应对一些事情时缺乏经验和正确方式方法的引导，会出现不良情绪，做出过激行为。对学生来说，师生关系、生生关系也需要维护。有些学生较为敏感，可能会因教师或同学的一句话就产生隔阂，甚至抱怨学校、老师。校园暴力事件、学生自杀事件的频频发生，应引起社会关注和重视。

进入社会主义新时期，高校教育教学的目标、对象、内容、方式等都发生了重大变化，传统的教育教学工作面临着重大挑战和急需更新的要求，高校师德也已成为当下亟待提升的紧迫问题，尤其是国家、社会及学校对高校教师个人职业修养充满了更多、更高的期盼。学校除了加强学生的心理健康教育，教师的心理健康教育也应提上工作日程。教师是心理健康教育的关键环节，教师心理健康，学生才能有更美好的未来。学校要培养一支较为专业的心理健康教师团队，在学校开设心理健康教育咨询室，为学生和教师提供便捷的帮助以适应高校教育发展的新要求。

在高校社会实践和教育教学实践中，教师的道德认识、情感、意志和信念，以及道德行为和习惯都深深地影响着学生道德观念和人生价值观念。高校部分青年英语教师年龄与大学生差距不大，在情感上、语言上和思想上有较多的共鸣，学生易受青年英语教师的影响，因此高校英语教师要把立德树人融入教育教学的整个过程，教书育人和职业修养并重，切实做到以德立身、立学和施教，为学生做好率先垂范的榜样。

2. 培育学生社会主义核心价值观

"立德树人"自古就被我国教育界所推崇，西周教育之首的"礼"、儒家的"德治"思想及孔子提出的"以德教民"，这些无不证实"德育"在我国教育中的重要性。学校落实立德树人根本任务的核心在于积极培育践行社会主义核心价值观。2016年全国高校政治会议上，教育的中心环节也定为了"立德树人"，"把思想政

---

① 习近平总书记在中国共产党第十九次全国代表大会上的报告[N]. 人民日报，2017-10-18

治工作要贯穿教育教学全过程。"[1] 无论从我国的教育传统还是当下的教育方针都可以明确，正确的政治信仰和坚定的政治方向始终应被青年放在首位，思政教育对于当代青少年的成长，以及国家发展都有着不可或缺的重要性。

"德行"教育是育人的根本，也是学生思政教育的目标之一，这与我国社会主义核心价值观的目标不谋而合。故而学校需紧紧抓住立德树人的根本任务，把社会主义核心价值观的学习纳入大中小学及全社会。高校在各学科课程的教育中，细化落实思政内容，将其在教学的全过程进行渗透。培养人才时，着眼于"又红又专、德才兼备、全面发展"的根本要求。在各个环节和学科中对学生进行思政教育，才是我国高等思政教育的应有之道。

英语学科是学生学习阶段的主要学科，它贯穿于大中小各个学习阶段，是开设年限最长的课程之一。学生在学习英语时，了解英语这种语言下的国家环境及文化背景是不可或缺的。英语学习可帮助学生拓宽国际视野，然而他们思想上还未完全成熟，具有较强的可塑性，当面临中西方多元化价值观念冲击时，学生极易在享乐主义、个人英雄主义的腐朽文化思想中迷失。外语教育的特殊性在于它是一门跨越不同语言从而产生文化交流的课程，其课程体系涉及不同语言文化的交流与碰撞。如果高校英语教师在英语教学中，忽视对学生的思想政治教育及正确的引导，学生很容易被国外资本主义社会的不良思想所影响，他们在失去了本国文化根基的同时也无法重构爱国认同感和民族意识，从而导致学生的价值观发生冲突。由此可见，时代赋予了英语学科教学中渗透思想政治教育的重要使命，在英语教学中引导当代大学生树立社会主义核心价值观。让学生在全面了解西方生活习惯、历史文化、思维方式的同时，保持坚定的政治立场，既提高自身的跨文化交际能力，也能从客观角度去分析评判事物及形成正确的价值观。

3.提升学生应对多元文化的能力

语言作为交际和文化传播的工具，在英语学习中学生接触到的西方文化有着自由和民主的优势。对于成长在新时代的大学生而言，他们生存环境和学习方式的变化，在一定程度上弱化了传统课堂的权威性，他们对我国传统文化的了解不够全面，更加重视和强调以自我为核心，缺少一定的辨别能力和判断力。面对西方文化容易产生盲目地崇拜，特别是思想意识不坚定的学生，还容易出现对自身政治立场的怀疑，致使学生出现信任危机。面对这种情况，高校英语课堂作为育人的主要阵地，应主动承担起传递正能量的责任，在文化讲解和传播中，向学生渗透正确的道德观念和文化理论，使学生潜移默化地受到文化教育，形成强烈的

---

[1] 2016年12月7日至8日，习近平在全国高校思想政治工作会议上的讲话。

文化意识，自觉抵制负面的文化和思想。在学生学习西方文化的过程中，保持良好的辨别能力，在教师的引导和帮助下，坚定自身的信念，实现责任意识和道德修养的提升。

在社会多元价值交织、渗透的复杂背景下，全球经济一体化日趋明显，西方的文化价值和生活方式的多元化影响着当代青年的思想观念。尤其近些年，西方意识形态对我国意识形态领域加大渗透和侵蚀，对当代大学生和青少年正确"三观"的形成造成严重影响，甚至影响党和国家的可持续发展。如若大学生的思想价值方面的教育，仅单纯或过度依赖学校德育课程和专业思政课去引导，这种教育带来的局限性将变得明显。目前，高校思政教育急需结合多学科，发挥高校的全方位、学科的全课程和所有高校教师的全员育人优势，把思想政治教育的核心内容与高校的每一门课程进行有机融合，让育人的功能充分体现在高校所有课程中，让每位高校教师都能承担起育人责任。英语学科教师在英语教学中能培养学生的国际视野，让学生能够正确审视自身和周围，并形成与时俱进的政治观念和理想信念，进而全面健康的发展。

二、英语教师提升职业道德修养的方法

（一）从实际出发

毛泽东思想、邓小平理论、"三个代表"重要思想、科学发展观、习近平新时代中国特色社会主义思想等都是从中国实际情况出发，理论联系实际，走出了具有中国特色的社会主义道路，为实现中华民族的伟大复兴奠定了坚实基础。高校英语教师提升职业道德修养的方法也要基于实际情况。

（二）从最广大人民的根本利益出发

人民群众是历史的创造者，革命的胜利离不开人民群众的支持。党和政府提出的任何决策都是为了人民群众能更好地生活。毛泽东思想和中国特色社会主义理论体系、习近平新时代中国特色社会主义思想都是站在最广大人民群众的立场上，高校英语教师提升职业道德修养的方法要真正服务于教育，真正服务于最广大人民群众。

（三）树立正确的道德认识

高校发挥着人才培养的重要作用，高校英语教师不仅肩负着"传道、授业、

解惑"的任务，也是学生思想政治教育和道德教育的引路人。因此，高校英语教师的自身职业道德素养至关重要。高校英语教师自身对于职业道德的认识和了解程度，与群体职业道德建设的效果与质量呈现直接的关系。高校英语教师首先要树立一个良好正确的教育教学观念，平时注重言行举止和待人接物的态度，按照教师的基本法则、师德理论规范来约束自己，自我评价、批判和调控，不断提高职业素养。想要成为一名优秀的教师，需要不断提高自己的综合素质和道德修养水平，通过多种创新学习方式，在专业知识上与时俱进，在思想政治、教育和师德理论上学习和提升。同时，教师将学到的职业道德相关理论知识付诸教学实践，不断发现、分析和解决问题，提升师德水平。另外，高校英语教师不但要在平常工作、生活、学习上注重修养的积累养成，还要经常反思和检查自己的言行，做到表里如一。教师要在思想政治、家国情怀、教学思维、个人视野、自律、高尚人格上做到强、深、新、广、严、正，教育引导学生在理想信念、爱国情怀、品德修养、知识见识、奋斗精神和综合素质方面做社会主义合格的建设者和时代新人。

（四）营造良好的工作环境

营造积极向上、和谐融洽、尊师重教的良好校园文化氛围，是强化和提升教师职业道德水平的必要条件。第一，对新晋青年教师源头把关，确保其要有坚定的理想信念、高尚的道德情操、扎实的专业知识和仁爱之心，具有专业的技能知识和良好的教育教学素养。第二，形成良好的师德师风氛围，营造积极上进、尊师重教和教书育人的教育教学风气。通过形式多样的教学比赛、观摩学习、科研展示和相关师德师风演讲比赛等形式不断提升教师的教学素质和专业技能，增强职业认同感，把教师对学校的发展期待融入学校文化创设，这对高校师德文化的提升具有重要的推动作用。第三，通过校园文化建设活动促进思想教育和师德师风的提升。高校可以组织多种形式的活动，例如，教育教学研讨会、交流会及社会实践等，塑造教师积极健康向上的文化精神风貌。通过开展师德师风线上线下舆论宣传，传播先进事迹、模范典型和榜样力量，潜移默化地影响高校教师。第四，制订职业道德修养考核、监督和激励机制的措施。高校对教师的师德修养、人品及师风等纳入考评体系，要有规章可循，做到公开、科学、公正，保证师德建设的有效性，在监督方面要将学校和社会监督结合起来，提升自律意识。第四，将考核指标作为高校教师的绩效考核、岗位竞聘、职称评定等具体可量化细化的激励指标。

（五）培养高度的职业情操

高校教师要具备高度的职业责任心和使命感，端正教育教学观念。同时，树立以生为本、育人为本的观念，尊重、理解、关心学生，真正做到敬业爱生的职业态度和情怀。在教育教学过程中，要将思想政治教育和道德教育有机结合起来，注重示范引领和言传身教的作用，达到润物无声、潜移默化的效果，避免急功近利、急于求成，给学生积极的、健康的影响和启发。教师在传授专业知识的同时，要不断地培养学生的创新能力和实践能力，提升学生综合能力，积极展示社会正面事例，让学生切实从中受益，增强爱党爱国爱社会主义的意识。高校要以科学有效管理方式和长效激励机制促进青年教师师德的提高，开展阶段性、常规化的师德学习培训机制、宣传示范机制和竞争激励机制，不断地提高教师道德素养水平，防止不良师德师风的滋生。

（六）注重对传统文化的学习

新时代英语教师特别需要从中国传统师德文化中吸取营养，在传统师德文化中找寻践行优良师德的力量。英语教师应全面挖掘和继承中华传统师德的核心内容，从师业（爱岗敬业）、师爱（关爱学生）、师能（严谨治学）、师风（为人师表）等方面着手全面提升自身道德素质。

古人云"三教圣人，莫不有师；千古帝王，莫不有师"。古代"天地君亲师"摆于神龛，供人祭拜，还有程门立雪、子贡尊师、张良拾履等尊师典故流传至今。尊师重教符合古今主流价值观，尊师重教是自古以来的优良传统。尊重老师就是尊重知识，是尊重学生的未来。英语教师为人师表，应坚持教书与育人统一。孔子明确主张"其身正，不令而行；其身不正，虽令不从。"教书与育人应高度统一，为师者均担负着育人之职责。习近平总书记在全国高校思想政治工作会议上针对师德师风建设提出"四个统一"，即坚持教书和育人相统一，坚持言传和身教相统一，坚持潜心问道和关注社会相统一，坚持学术自由和学术规范相统一。[①]教书和育人相统一，要求教师正确认识专业知识与思想道德教育的关系，立德树人是高校的首要任务。教师在传授专业知识和技能的同时，有机融入思想政治教育元素，起到润物细无声的作用。言传与身教相统一，要求教师自身要知行合一，不做"两面人"。以端正的态度，正确的行为影响人。潜心问道和关注社会相统一，要求教师关注社会问题、解决社会问题，通过自身学识来改变社会，推动社会不断前进。学术自由和学术规范相统一，要求教师在坚持学术自由的同时，正确认

---

① 2016年12月7日至8日，习近平在全国高校思想政治工作会议上的讲话。

识社会发展规律，把握人类社会发展方向，遵守学术道德，引领社会风尚。有仁爱之心，坚持以生为本。仁者爱人，教师既是严师也是仁师，二者不矛盾。现代教育要求以生为本，强调关心学生、爱护学生，尊重学生个性发展，也是仁爱之心的传承。仁爱隐于心，而外于行，仁师之于学生无异于亲。

第二节 英语教师的专业知识

一、学科知识方面

（一）听力知识

英语教师应保持对英语的高度敏感度，具备娴熟的英文听力技能。如若教师不具备良好的听力基本功，课堂的听力播放讲解便无从下手，更无法有效地指导学生进行听力练习；对于听力技巧及重难点句型的提练也只能被搁置，不利于学生对听力材料的理解与学习。教师在听力讲解中对于语音语调的模仿，材料内容的复述等应起到模范表率的作用，而这些很大程度上都依赖于听力基本功的培养。因此，教师应培养良好的听力基本功，以使学生信服，取得教学成效。

（二）语言知识

语言不仅是教师思维火花的体现，也是教师开展教学、引领学生参与学习的方式。教学语言不仅传递了教学知识与信息，也成为师生情感交流的重要媒介。高校英语课的课程性质要求教师尽量在课堂使用英语进行教学，必要时再利用母语进行解释。英语教师在语言上，要力求语音准确、语调地道、语法规范、语速适中、吐字清晰、声音洪亮，并努力做到亲切自然、情感丰富，具有感染力、启发性、逻辑性和趣味性，同时在讲课时配以适当的体态语言，营造轻松愉悦的英语授课氛围，培养学生良好的语感，激发学生学习的热情。

（三）阅读知识

英语教学涉及大量的英文文章的阅读，这就需要英语教师能够阅读、分析不同体裁与类型的英文文章，并根据文章的内容及特点，选择合适的阅读技巧及策略，带领学生对文章进行泛读或精读。对于文章脉络结构的梳理、中心思想的把握、深层含义的探索、背景文化知识的拓展、长难句理解、重点词汇及短语的运用等都依靠英语教师精准的把握。这就需要教师提高相应的阅读基本功，不断积累相应的阅读技能，能够更深层次、更全面地理解英语文章，更好地进行教学，使学生提高相应的阅读能力。

（四）书写知识

书写基本功包括板书基本功及写作基本功。板书在一定程度上是教师教学能力的直接体现。教师的板书字迹工整、书写规范、大小适度，可以给学生良好的视觉形象，有助于学生对教学内容的理解和语言能力的操练，从而增强教学效果。板书的布局也应该充分考虑，合理安排单词、句子、标题、结构等内容，使板书整体效果更加美观。另外，教师应当掌握基本的写作技能，了解撰写教学反思、工作小结、课题项目、科研论文等的范式与技巧。这不仅是自我发展的需要，也是教学工作的需要。

（五）翻译知识

翻译基本功包含了口译及笔译基本功。口译基本功的掌握有利于教师开展口语教学。在与学生互动时，教师对于学生不熟悉的词汇及口语的翻译错误进行及时的指导与讲解。笔译基本功有利于英语教师对学生笔译练习进行讲解。对于学生译文的逻辑性、词汇的准确性、句式的复杂性等给予悉心的建议，提高学生翻译水平与技能，使学生在翻译词汇、句子甚至文章时，力求达到信达雅的翻译标准。

二、课外知识方面

英语语言知识课堂教学中的课外知识主要包含这几点：背景知识延长伸展、相关新闻的补充、英语语言文化、语言来源等。语言学习不是独立的文本知识点，也不是没有趣味的词汇和语言结构方式，而是一种文化思维活动学习。因此，在教学中需要教师在文本的基础上进行延长伸展，从而将丰富生动的语言知识展现在学生面前。增强学生对英语单词的了解，加强对句型的把握，提高英语语言知识课堂教学的趣味性。同时，课外知识的补充也能起到很好的效果，能充分发挥当前的课外知识，缩短文本语言学习与现实的距离，强调语言学习的应用性和立体感。

在英语语言知识学习过程中，教师要将丰富的课外知识点结合起来，确保学生的语言知识水平能够提高，同时还保证学生能正确运用所学英语知识点。对于课外知识的扩展不仅包括词汇、句子等英语知识点，还反映了英语的文化内涵，因此，课外知识对英语语言知识教学有以下几个作用。

第一，运用课外知识可以提高学生的学习积极性。为了使学生具有独立性、自觉性和自主性，激发学生的学习兴趣尤为重要。教师需要在英语语言知识教学过程中提高学生的学习热情，相较于英语课本上的知识而言，学生对于课外知识更感兴趣，同时也会有探求英语课外知识的强烈欲望，课外知识是学生在教材上没有接触和学习到的知识内容，更能吸引学生的注意力。而且，一味注重课堂教学，只是让学生被动接受教师所讲述的英语语言知识，没有正确理解知识点，同时学生也对这类知识点没有兴趣。因此在课堂教学过程中，适当融入课外知识，同时教师将课外知识用生动的语言讲述出来，学生的学习热情能得到充分调动，注意力能集中在教师所说的每一个内容上，那么课堂上45分钟就可以成为一种享受。

第二，适当的补充课外知识，可以帮助学生理解英语教材中的难点。因此，在英语语言知识教学过程中，教师和学生要避免一直对英语教学进行探索，而缺乏对于课外知识的了解和掌握。因此，教师有必要根据课文内容补充相应的课外知识，解决学生在英语教材上遇到的难点，通过课外知识的补充，提高学生对英语语言知识的理解和掌握，因此，这种教学方法要优于教师一味进行"填鸭式"的教学方法。

第三，课外知识的补充可以激发学生的好奇心和探求知的强烈欲望，鼓励学生课后自觉、主动到处寻找感兴趣的资料，提高学生的自主学习能力。从英语教学的本质和目标划定界限可以看出，英语教学着重提出了对学生英语综合运用能力、习语、内容流利交谈能力的培养。因此，在此基础上，作为一名英语教师，应该适应新的教学要求和教学形式，充分利用课堂引导学生努力思考，提高综合文化素质，但是英语课本上能传授给学生的知识内容数量有限，因此，教师应利用有限的课堂教学，鼓励和引导学生学习无穷无尽、广泛的课外知识。这种课外知识与教材密切相关，但不受教材的制约，学生可以自由选择自己喜欢的书，并以自己喜欢的方式阅读。这种阅读不会让学生感到负担，所以可以很好地激励学生坚持下去。教师教学的最高目标是"教学不是为了教学！"不能总是让学生走完学习之路，学习之路是永无止境的。在这种情况下，教师也要自主开拓扩展课外知识，培养学生的独立学习能力，增强学生自信心，这种价值将是无限的。如此伟大的成就，只需要教师在课堂上有目的地指示和引导，同时用自己的语言魅力在课堂上熏染学生。

三、课程与学科教学方面

（一）职业理论的知识

职业理论基本功对于教师而言至关重要。首先，高校教师要树立良好的职业道德观，掌握基本的高等教育学、高等心理学、高等教育方法等知识，了解最基本的教学原则，如循序渐进原则、启发性原则、阶段性原则等。其次，作为高校英语教师还应对语言学及语言交际能力的重要理论、本质特点和基本规律有系统地了解，并能有效地将语言学知识运用到英语教学实践中。最后，要了解英语教学的方法，如语法翻译法、交际法、产出导向法、任务教学法等。不同的教学方法往往适用于不同的教学目标、教学内容与教学环境，英语教师对于这些教学法的了解可以指导教学实践，提高教学技能。

（二）文化理解的知识

语言承载着文化。英语作为世界第一大语言，承载着世界各地多样的文化。在英语语言的教学过程中，只有将文化教学渗透到语言教学中，才能使学生习得英语语言本身的精髓。这就要求高校英语教师不仅要精通英语语言，还应在教学过程中传递文化信息，熟练掌握本民族与英语国家相关的风俗、历史、军事、地理、宗教等各方面的文化知识，广泛吸收一切有益的多元的英语文化热点，增强文化内涵，丰富文化底蕴。教师通过融入丰富翔实的文化资料，可以有效激发学生热情，使其自然参与到英语语言学习中。

（三）分析学情的知识

教学的最终目的是使学生获得知识、提升能力、修炼品性。为了达到教学目的，教师必须对学生进行了解与分析。对学情的有效分析可以使教师对学生的认知状况、性格特征、情感态度、学习能力、技能水平、兴趣爱好等有初步了解，并针对学生的具体特征，选定匹配的教学内容，采用理性的教学方法，设计合适的教学任务，使教学更有针对性、更具个性化。

（四）解读教材的知识

教材是教师进行教学的工具。教师应按照课程标准与教学大纲要求，组织开展教学。教师应立足于英语学科语言知识体系及学情，对教材内容进行合理删减、整合、提炼。教师在课程准备时要熟悉教材的整体框架，按照学生情感认知水平与学习接受程度及时调整教材讲授的内容与顺序，适当删减不符合学情的内容，添加课外相关素材作为补充。同时，要厘清教材各个章节的教学目标、主题内容、教学方法、产出任务等，能够对教材的主干知识、重点技能、测评要求等进行深入解读。

（五）教学设计的知识

教学设计是需要锤炼的一项重要基本功。合理的教学设计能够设置明确的教学目标，灌输翔实的教学内容，分配合理的教学活动，开展丰富的教学形式，保持有序的教学过程，平衡学生语言与知识的输入与输出，促进学生语言知识、综合能力、思想品德的协调发展。一个传统的、缺乏新意的、不能与时俱进的教学方式是满足不了当前英语教学要求的。英语教师应当通过多种方式，如角色扮演、游戏激励、小组竞赛、团队协作等鼓励学生主动学习，让学生在语言实践中学习和体验。

（六）组织教学的知识

教师应更新理念、调整自身角色，从知识讲授者转变为教学的启发者、促进者及指导者。针对英语学科的特点及学生学习能力和学习风格，采用灵活多样的教学方式，精心组织各个教学环节，注重学生综合能力的培养。组织课堂教学是教师为了达成教学目标，实现预期教学效果而对教学活动各个环节进行观察、分析和调节的行为方式。组织好课堂教学需要教师勇于实践，敢于尝试。在教学组织实践过程中，教师要具备犀利敏锐的观察力、随和谦逊的亲和力及随机应变的调控力，注意观察学生的学习反应、情绪状态，通过提问、讨论、测验等互动形式及时了解学生知识的掌握程度，并给予引导和帮助。

（七）合理评价的知识

教师对学生的合理评价对学生的学习起到促进作用。在英语课程中，教师针对学生的即时回答，以及表现给予适当的反馈与意见，增加交流互动机会，增进师生感情。同时，学生通过教师的合理评价可以正视自己的问题与不足，及时改正，不断提高语言学习效率。教师对于学生的评价要以鼓励性语言为主，防止挫伤学生学习的积极性。除了课堂互动的即时评价，教师还应融入多种评价机制，如智能教学系统评价、生生互评、学生自评等多样方式。此外，在教学的不同环节，教师可以制订相应的评价标准。通过形成性评价、终结性评价等多种方式对学生英语水平进行测评，并根据评价结果及时调整教学内容与教学方法。

(八)教学科研的知识

高校英语课程改革给高校英语教师提出了新的契机与挑战。面对教学改革中涌现的新思想、新理念、新方法、新问题,教师需要利用实践进行检验,解决教学中出现的实际问题。除了完成基本的教学任务,高校英语教师还应紧密结合教学实践,关注教学改革研究、课程体系建设研究、课程设计与教学方法研究、教师发展研究、教学评估研究、新兴教学模式(慕课、微课、翻转课堂)实践与研究等多个领域,掌握基本的研究方法和步骤,积极进行课题申报,完成论文、专著撰写,提高科研能力。教学科研基本功在一定程度上锻炼了教师进行反思的科研精神,提升了教师的批判性思维与创新能力。

(九)教育技术的知识

随着科学技术的飞速发展,以互联网和多媒体计算机为核心的现代教育技术已与教育教学紧密相连。熟练掌握和灵活运用现代教育技术是高校教师必须具备的能力。这就要求教师在教学实践中不断增强运用教育技术的意识,掌握一定教育技术理论,主动适应教学方式的变革,在教学设计中合理利用大数据方法、互联网思维、人工智能等多种现代教育技术元素,更形象、生动地呈现教学内容,引导学生课堂学习、在线学习、移动学习,并激发学生主动参与各类语言学习任务,积极开展自主学习与个性化学习,不断提高学习质量与效率。创建一个动态、多元的外语教学生态环境。

第三节 英语教师的教学能力

一、大学英语教学现状

大学英语课堂教学的完成是教师、学生与教学手段共同作用的结果。传统的大学英语课堂教学,通常以教师为中心,以语言知识讲解为重点,以教师单向输出模式进行,授课方式多为大班制,教师讲解课本、教案及演示文稿的教学方式已无法适应当前智慧教学的要求,不注重学生主体地位的发挥,忽视教学设计中创新思维和能力的培养,也忽视思辨精神及人文素质的培养。同时,非英语专业学生学习情况差异明显,基础参差不齐,词汇储备量尚小,英语句法和语法掌握欠佳,书面和口头表达有待提高;英语综合应用能力较弱,自主学习能力较低,学习兴趣不浓厚；缺乏强烈的学习动机，学习目标仅局限在"通过四、六级考试"，忽视对专业素养及英语应用能力培养；世界观、人生观、价值观和意识形态容易出现偏差，急切需要加强思想和价值观引导。因此，教学创新势在必行。

（一）教学观念严重滞后

建立完善的教学改革措施是大学英语教学的一项重要任务，只是大学英语教学观念比较落后，没有及时更新，还是停留在过去。教师作为教学主体，他们将课堂上的大部分时间都用在课文讲解和课后练习上。因此，学生始终是被动接受，甚至也没有时间去思考。即使学生有机会对课堂活动进行合理安排，仍要由英语教师严格地控制参与者、话题内容和时间等。有一部分教师甚至还会认为学生没有必要参加这种浪费时间的课堂活动，所以没有机会实现师生互动，也很难使学生的英语交际能力得到训练，提高他们的英语水平。英语教师在教学中将重点放在了语法知识、词汇和句型的讲解上，完全忽视了英语口语及对其活学活用。因此，学生的写作能力、阅读能力可能会比较强，但是听、说能力还有不足。由此表明，英语教师遵循的教学观念比较传统，而现代教学理念不强，并且对现代语言学习的特点及教育思想没有真正理解，其结果必将使大学英语教学的效果受到严重影响，这与社会发展需要是不符的。

（二）教学手段及模式比较单一

英语教师一直是英语教学中的主角，学生扮演的是听众，教师在课堂上着重强调的是语音是否标准、语法是否正确，以及四六级考试所涉及的词汇。"满堂灌"的教学模式仍是英语课堂上普遍采用的，学生真正去体验英语的机会并不多，而这种单一的教学模式根本满足不了学生发展的实际需要，学生逐渐失去对英语学习的兴趣，并且有很多学生缺课。同时，教师"一本书、一支笔、一言堂"的单一课堂形式使英语教师在教学中对多媒体教育技术使用得较少，难以利用多媒体教学来激发学生对英语学习的热情。学生每周并没有上大量的英语听力课，使用电脑、网络等辅助工具的机会也并不多，英语作为一门语言却没有被应用和体验，同时英语实践的机会对于学生来说也不多。

（三）无法与中学英语教学衔接

中学英语教学与大学英语教学应该是相互衔接的，是无法分割的。对中学英语教学情况有充分的了解，对开展大学英语教学是非常有利的。在教学的过程中我们还会发现，大学和中学的英语教学内容有一些都是重复的，所以才会导致大学英语教育很难适应社会、经济、文化对人才的不同需求。因为大学英语教学没有衔接上中学英语教学,脱节非常明显,致使外语教学耗时长,也没有较高的教学效率。不仅如此,四、六级考试是当前大学英语教学中更为重视的部分,同时分数又决定着毕业证和学位证,这种英语教学模式的特点则在于"应试"和"应付",所以要培养出符合用人单位要求的人才并不容易。此外,大学英语教学中并没有与实际情况结合起来再确定教学内容,也没有进行分类指导,这就难以满足社会对人才的需求。

(四)缺少较强的应用性

结合学生的英语基础及跨文化交际的实际需求,在设置课程时应包括两方面的课程,即英语必修课和英语选修课。目前,有的高校没有明确制订大学英语课程目标,而且学生对英语的学习主要是集中在大一和大二阶段,目的是为了应对英语等级考试。可供选择的英语选修课程并不多,而且也没有较广的覆盖面,采取的也是单一的授课方式,学生的学习积极性难以被调动起来。到了大三之后,英语课程就停止开设,所以多数学生毕业前还不能用英语交流,只是手里有证书而已。在全球经济一体化的推动下,企业在招聘员工时往往对其有更高的英语方面的要求。如果大学生只有证却不能开口,就会阻碍其今后的就业和发展。

(五)师资队伍建设存在的问题

英语教师队伍及其学历结构不合理的问题在高校普遍存在,具有高级职称的英语教师人数并不多,有一些英语教师学历较低,只有本科学历。此外,高校英语教师基本很少有出国进修和培训的机会,所以大学英语教师的水平参差不齐。另外,授课任务十分繁重,这也直接影响高校英语教师参与教学科研活动,最终影响到他们教学水平及科研水平的提高。培养学生的英语综合应用能力需要一个过程,并不是一朝一夕就能实现的,要求教师的听、说、读、写、译等技能较强,综合运用语言的能力较高,从而顺利地开展大学英语教学活动,全面提高英语教学质量和教学效率。

二、英语教师的教学方法

(一)转换师生角色

以让学生讲课的形式,使学生充分融入课堂。以往都是老师在讲台上苦口婆心地讲解,如今可以让学生尝试一下自己教课。这一方法完全改变了以教师为中心的"中学式"教法,突显了学生在课堂中的主导地位。在每个学期刚开始时,教师可让学生自由组合形成人数差不多的几个组(数量可根据具体教材的长短而定)。到开始讲某一单元时,该组的代表先上讲台来把他们组备课所准备的呈现给所有同学。待学生讲课完毕后,教师再上讲台或是点评或是选择性地讲解。这种让学生来讲课的方法大大提升了学生对于课堂的参与度,让其充分参与到课堂中,活跃了原本只有教师讲课的沉闷课堂气氛,同时学生在准备及授课的过程中,自身也得到了全方位综合锻炼。学生自行授课将知识与能力、素质与策略、专业与广博的培养结合起来,建立教师引导、学生践行的教学观念,加强师生互动、学生互动的教学模式,实践证明,这是一种有效的方法。

(二)组织演讲或辩论

不定期地在课堂上以组为单位举行主题英语演讲或辩论,这也是提高学生参与度的好办法。学生可围绕一个主题,在网上查资料,在上课时演讲或者辩论。与以往等待教师灌输知识不同,学生以这种方式提升了自学能力,加强了学习的主动性。另外,学生有满足自己与人交流与协作甚至影响他人的需要,集体合作是满足学生基本需求的必要途径。演讲或辩论主题应在上课前一星期给出,以便一个组的同学能够有充分的时间准备。不建议在课上临时布置题目,基于两个原因:一是大部分同学英语基础薄弱,在短短的课堂时间中无法准备出高质量的演讲;二是大学英语课程课时十分有限,课堂时间宝贵。如果是演讲,那么就由一个组的同学共同找资料写文章,最后选出代表在上课时演讲。教师根据每个组的表现打分,并计入平时成绩。如果是辩论,同样在组内自行决定立场,然后在课堂上进行组与组之间比赛。辩论结束后由其他组的成员投票决定谁胜谁负。教师应对于胜方给予表扬,对负方给予鼓励,并强调重在参与,胜败乃兵家常事的道理。集体合作学习尊重学生个人,培养学生交往能力、协作能力和解决问题能力的同时,还刺激了其内在学习动机。这一方法奠定了学生在教学过程中的主体地位,有助于新时期新背景创新型人才的培养。

(三)组织单词游戏

不仅是英语教师,只要学过英语的人都清楚,扩大单词量对于提升语言水平的重要性。英语学习像盖房子,语法知识是大梁,英语单词则是一砖一瓦。想要盖牢固的房子,两者缺一不可。学生偏爱通过活动的方式进行学习,但现实教学中的活动太少，授课方式单调，并不能较好地调动学生的英语学习积极性。为了提高学生对单词的熟练性，也为了督促其下功夫背单词，可以在课堂上进行背单词游戏。通常在这个环节以组为单位进行，教师说中文意思，学生站起来说它的英文释义。最快站起来说出意思并答对的就给他所在的组加一分。一轮结束后，可视情况安排是否还需继续。游戏结束后，视每组最后的分数决定谁赢谁输。这个游戏在整堂课上起到关键作用，既调节了课堂气氛，又刺激了学生的学习兴趣。教师还不需枯燥无味地照本宣科，苦口婆心地讲解。作为游戏的组织者教师不仅增强了自身的组织能力，同时也在轻松愉快的氛围下完成了教学任务。

（四）穿插文化背景知识

有趣的活动是学习动力的基本来源。教师在选择活动时，要尽量以新颖的为主，并频繁变换活动方式，以保证学生长久的兴趣。然而，在选择教学活动时，必须考量活动内容是否能承载教学内容，能否为教学目标服务，绝非"因活动而活动"。在文章中出现代表西方传统习俗的词汇时，教师可适当展开讲解，介绍该习俗的起源，分享相关的故事。这样一来，生动的故事吸引了学生的注意力，同时还扩展了其知识面，的确是一种值得借鉴的办法。

三、英语教师教学设计能力

（一）教学创新设计的作用

基于"雨课堂"与清华社英语在线平台的移动语言学习，网络资源及其他教学工具进行线上和线下螺旋推进的混合式教学，打造了情境化的生动课堂；使课前、课内、课后和课外四堂联动；把思政教育贯穿教学的全过程。

1. 培养学生高阶能力

教学创新，解决了教学中重知识培养，轻能力和素质提升的问题，实现了对学生高阶能力的培养。线上线下的互联，将学生的课前、课中和课后学习有机结合起来，将掌握知识与提高阅读、交流、写作、自主学习、交互学习等能力联系起来。同时将思政教育贯穿教学全过程，通过主题阐述、话题讨论、辩论、故事讲述等多样的教学活动体现"课程思政"理念，使学生在潜移默化中既掌握语言技能，又升华思想，实现全面发展。

2. 打造情景化生动课堂

教学创新，解决了课堂沉闷、学生厌学的问题，打造了情境化生动课堂。线下线上结合，运用"雨课堂"、教学平台、网络等信息技术资源，将语言知识情境化，结合学生的兴趣点，开展教学活动，使抽象的教学内容变得真实、生动、形象、直观，更能激发学生学习兴趣，提高学生学习动力，在学习过程中获得满足感和成就感，产生学习期待，从而更主动地学习。

（二）教学设计举例

1. 举例一

（1）课程背景

"大学英语4"是高等教育本科阶段必修的一门公共基础课。以上海外语教育出版社出版的《全新版大学英语综合教程（第二版）》为例，共计8个单元，涵盖了英语国家语言、文化、历史、教育、社会生活及风土人情等多方面内容；旨在指导学生在深入学习课文的基础上，从词、句、语篇等角度进行听、说、读、写、译多方面的语言操练，着重培养学生的英语语言能力和综合应用能力，以适应高校人才培养的目标。

然而，对于学生而言，英语学习时间漫长、过程枯燥、知识零碎，学生课堂即兴语言表达能力较弱，学习动力和热情不足，缺乏成就感。对于教师而言，也存在诸多困难：第一，教学目标不具体。每一个单元的教学目标千篇一律，缺乏针对性，缺乏具体任务需对应实现的具体目标；第二，教学内容复习巩固及应用环节省略太多。由于教学时间大幅度缩减，教学任务中缺少对语言形式的补充训练任务，缺少巩固强化知识点的练习内容，学生在基础语言知识的应用上后劲不足；第三，教学内容缺乏个性化、时效性和实用性。学生英语水平个体差异非常大，所以课堂上教师授课既没有充分照顾到少数基础非常弱的学生，也难以满足较高水平学生的需求，导致部分学生上课动力和热情减弱；第四，学生的自主学习与合作学习等过程性评价得不到有效记录与考评；第五，课时减少后，精读精讲时间严重缺失，语言形式无法自动转化为语言能力。

（2）"大学英语4"翻转课堂教学设计

为了解决上述问题，有效激发学生的学习动力，"大学英语4"的翻转课堂以目标为导向进行课程设计。基于《教学大纲》的要求，每个单元的教学内容被分为五部分：跨文化背景知识教学、语言知识教学、课文分析教学、汉英翻译教学和写作应用教学。教学团队将教学内容分解，与Bloom和Anderson&Krathwohl教学目标分类一一对应，分配课上和课下时间，设计教学活动。整个教学过程通过中国大学慕课平台和慕课堂微信小程序来实现，包括资料的推送、实时测试、师生互动及课堂讨论等。

首先，分解教学目标。本课程的教学目标为：第一，能够应用外语知识识别、表达和分析跨文化交际中的复杂问题；第二，能够查阅外文文献，进行专业研究；第三，具备一定的国际视野和跨文化沟通能力；第四，能够就复杂问题用外语与业界同行及社会公众进行有效沟通。"大学英语4"开课时，学生的英语基础、阅读能力与写作能力较之从前都有了显著的提升，可以就一些话题进行深入探讨，并且个人未来的学业规划也逐渐清晰。

"大学英语4"翻转课堂围绕Bloom的六个教育目标，将教学时间分为课前、课中和课后三大块。教学任务、教学内容和教学活动分别在这三个时间块中进行。识记目标主要是词汇语法层面的学习，内容较为简单，学生可以在课前利用慕课资源进行线上自主学习，教师在线督促答疑。理解目标主要通过跨文化背景知识学习和课文分析来实现。课文是整个教学内容的基础，所有教学任务都由课文分析引出，逐渐达成分析、应用、判断和创造的教育目标。课前学生通过学习慕课，初步实现理解目标，课中教师带着学生攻克难点，深入理解。

其次，在课堂上指导学生从内容和写作方法两个角度深入挖掘课文文本，实现分析和应用两个难度较高的目标。第一，基于课文语言结构分析，引导学生分析、应用相关话题的英语表达，如词语、句型，以及体现文章逻辑结构的连接词等，在此基础上，带领学生在课堂进行与实践相关的"中国文化翻译"等；第二，基于课文篇章结构分析，引导学生讨论英语文章的写作方法，尤其是和学生学业论文相关的英语说明文的写作方法，为实现更高一层的判断和创新目标做铺垫。

2. 举例二

（1）课前学习环节的教学设计

第一，制作预设性学习资源。预设性学习资源是教师根据教学需要和教学目标来设计和制作的要求学生必须使用和掌握的学习资源。在大学英语翻转课堂的课前学习中，教师为学生制订一套科学的、系统的大学英语教学大纲，根据教学目标来制订个性化的教学内容体系，确定教学内容的范围和难度。教师可以设计制作大学英语教学视频，并将教学视频微型化和模块化，让教学视频服务于每个单元的教学任务和教学目标，也就是说教学视频应该围绕教学任务来进行设计，从而让学生通过网络平台的教学视频来进行初步的、系统的学习。同时，当前网络上有很多优秀的教学资源，例如MOOC网等精品公开课也是翻转课堂优质的课前学习资料，教师应该充分应用起来。

第二，设计课前练习活动。课前练习活动的设计同样是翻转课堂重要的一项内容。首先,教师要充分考虑到学生的个性化知识结构和知识需求,合理设计课前练习活动的难度、深度和数量等。其次,最好以任务型教学模式为主导,在学生充分掌握课文中英语知识的基础上,将大学英语的练习充分与实践相结合,强调运用英语来完成各种任务、解决各种问题,从而让学生在解决问题的过程中获得对英语更加深入的体验,提升自身对学习英语的自信。任务型学习需要学生相互协作,具有一定的社会行为和交际行为。学习活动的设计切勿"一刀切",而是要循序渐进、由易入难、层层递进,学生通过完成不同难度的任务活动,实现对课文知识的内化和强化。最后,学生将学习活动上传至平台学习库中,让教师能够跟踪到每个小组的学习进度。

第三,观看课程教学视频。借助网络平台,根据教学计划的执行情况,教师要指导并监督学生自主观看教学视频。通过互联网平台,学生可以在任何地点、任何时间,利用一部手机便可以实现整体化和碎片化的学习,例如系统学习网络教学视频、查找学习资源及参加在线课程等。此外,学生还可以借助微信、微博、抖音、QQ等互联网社交软件进行在线交流、讨论问题、分享经验等。互联网的发展使得大学英语翻转课堂变得更加智能化、便捷化、微观化、可寻化,学习平台可以自动记录学生的学习轨迹,追踪学生的学习进度,评价学生的学习情况,同时还可以实现"一对多""多对多"等师生在线实时交流。教师借助网络平台可以随时监控到学生的学习情况,便于对学习进度落后的学生进行督导。

第四,开展课前互动性学习活动。网络教学视频学习之后,学生基本上完成了教师设计的针对性练习。此时学生开展互动性学习活动的主要目的:一是强化课前内容的认知,进一步巩固所学知识,在此过程中对发现的疑问和难点通过互联网社交软件进行在线沟通和交流,对同小组同伴无法解决的问题要反馈给教师,或者是从互联网中查找相似问题的资料从而得到解决。二是促进学生主动思考,深刻理解课前内容。课前互动性学习活动有助于学生之间展开深刻的讨论交流,相互发表对问题的不同看法,使学生对问题的理解更加深刻。总而言之,本阶段的课前练习活动主要目的是为了对前一阶段知识的分析、应用、强化及内化,对依然存在的问题和困惑留待课堂学习环节中进行现场讨论。

(2)课堂学习活动环节的教学设计

第一,总结课前,确定问题。首先,要对学生课前环节的自学情况和讨论情况进行综合评价,以学生个人或者小组代表的形式对课前的学习过程和学习结果进行汇报、自评和互评,教师根据评价内容同时结合教学重难点提出一些具有代表性和价值意义的问题用于课堂探究。其次,将课前谈论未果的问题放在课堂上继续深入研究。学生结合视频学习和针对性学习内容，总结出一些与小组交流之后依然未能解决的问题。在这个过程中，教师应该充分参与其中，并给予学生解决问题的思路，指导学生如何解决问题。将课前预习未解决的问题放在正式课堂之上进行谈论，这对于确定课堂探究问题，营造探究式、合作式、开放式的课堂教学氛围奠定了基础，同时对提高课堂效率、提升学生主动性有很大的促进作用。

第二，独立思考，自主探究。独立思考和自主探究是培养学生自主学习能力、提升创新能力和主动探索能力的重要方式，也是大学生应该具备的独立自主学习的基本品质。在开展课堂学习活动的过程中，一方面，教师要兼顾个体之间的差异性，为学生设计不同层次、不同范围的探究问题。另一方面，学生要对自身的知识结构有准确的定位，根据自己的兴趣和所学知识的掌握情况，从教师设定的探究问题中自主选择适合自己的问题。随后，教师根据学生所选择的问题进行同问题小组划分（小组成员根据班级人数控制在4~6人）。每个小组成员负责一个子问题，由他们自己进行独立探索和自主讨论，最后所有人将自己的思考汇集在一起从而形成整体式探究结果。通过这种独立思考、自主探究、自主解决问题的方式，学生进一步强化了所学知识。

第三，团队协作，合作学习。合作学习是翻转课堂教学中一种非常重要的教学策略，也是现代化教学中非常提倡的一种教学方式。合作学习可以让每位学生都能感受到实现自我价值的意义，让每位学生都能够充分参与到团队学习中去。那么，如何组建小组或团队将直接影响到合作学习的效果和教学的进度。小组的建立不能随意，教师要均衡好学生之间的差异性，组内要兼顾成绩好的与成绩不好的，基础扎实的与基础薄弱的学生，确保每个团队"实力均衡"。笔者认为，大学英语翻转课堂的团队组建应该由教师根据学生的知识结构、个体差异、学习成绩等进行均衡划分，每个小组成员4~6人最佳。团队成员推选出一位小组组长，组织和监督本小组的探究学习。小组成员可通过辩论、话剧、竞争等模式进行合作，让每位小组成员能够积极参与到英语学习中。

第四，成果展示，交流互动。各小组在完成了上述的合作探究活动之后，要向同学们展示其研究成果。成果展示可以根据课程进度的实际情况酌情选择，教师可以加开一堂以成果展示为主题的课，要求所有的小组都要进行成果汇报。或者课程结束之前，随机选几个小组（小组代表）向大家展示成果。除了课堂上的直接展示之外，还可以选择课下的翻转展示，各小组可以在课下将自己的汇报内容和汇报过程通过录像的方式展示出来，教师选择几个优秀的视频在正式授课之前向学生展示，教师和其他同学要对小组的合作成果进行谈论交流。

第五，评价反馈，建议改进。不论是英语翻转课堂还是英语正式授课，教学评价都是对教学成果的检验和对教学效果的反馈。英语翻转课堂的教学评价主要分为两种方式：一是课堂评价。课堂学习活动和课堂展示结束之后，整个翻转课堂的教学接近尾声，教师要组织学生对翻转课堂上的全部学习过程和学习效果进行评价，评价分为自评、互评、教师评价等内容。为了能够凸显出评价反馈的激励作用，强调学生在评价体系中的主体作用，弱化教师评价的权重，教师要加大对学习过程、探究过程、独立自主等能力的评价权重，为下一步教学改进提供参考，同时还能够激励学生保持对大学英语的学习热情。二是定期评价。定期评价简单来说就是阶段性教学总结评价，可以分为月考、期中考及期末考。这种评价的主要目的就是要检验学生知识点的掌握情况，重点考查理论知识，主要的考试方式是笔试和口试。教师通过阶段性评价，可以了解学生知识点的掌握情况，进而在薄弱环节重点加强教学。

3. 举例三

（1）课程目标融合创新

大学英语是非英语专业本科生的一门基础必修课程，课程具有工具性和人文性双重特点。大学英语课程目标是基于产出导向法理论的线上线下混合式翻转课堂的学习，学生的英语应用能力得到培养，跨文化交际意识和交际能力得到增强，同时发展学生自主学习能力，提高综合文化素养，使他们在学习、生活、社会交往和未来工作中能够有效地使用英语，满足国家、社会、学校和个人发展的需要。

教师在进行基于产出导向法理论的线下线上混合式翻转课堂教学的过程中，要主动将学生的思政教育融入课程目标。大学英语课程所传递的知识，不仅是语言知识，而且还有多样的外延知识体系。授课教师将学生的思政教育融入各个POA教学环节，在教学中恰当地开展中西方文化的比较进行产出导向法"驱动"，在正确认识和把握中西文化特征的前提下进行产出导向法"产出"，最后带领学生客观、公正地对中西文化异同进行产出导向法"评价"，激发学生对中华传统文化的认同情感，以培养学生的民族自信心和爱国主义情感。将思想政治教育与大学英语相结合是国家和时代发展的需求，因此，授课教师应以此为己任，坚持"润物细无声"的渗透式教育，努力将思想政治教育与大学英语相结合的教学方式明晰化、制度化、常态化。

（2）教学实施

第一，线上授课视频学习。线上授课视频学习的内容是大学英语课程团队的主讲教师自行录制教学视频，这些视频能够完全与教师设定的教学目标和教学内容相吻合。教师在线上课前向学生发布授课安排，包括观看线上视频和完成视频相关学习任务。学生根据线上授课安排，了解学习任务，然后观看完授课视频的时候，完成相关学习任务，同时对视频中的知识点和问题进行记录。对于线上学习任务的数量和难易程度，教师要合理设计，帮助学生利用旧知识完成向新知识的过渡。对于学生线上视频的学习，教师可以利用超星"一平三端"智慧课堂教学系统提供网络交流支持，发布通知和教学任务，进行学习监管、答疑，进而对学生的学习效果进行评价。学生通过学习通 App 与同学进行互动沟通，了解彼此之间的收获与疑问，学生之间能够进行互动解答。

第二，课堂学习。大学英语线上线下混合翻转课堂的特点之一就是在最大化地开展线上课视频学习的基础上，不断延长课堂学习时间、提高学习效率，通过课堂活动设计完成知识内化的最大化。建构主义者认为，知识的获得是学习者在一定情境下通过人际协作活动实现意义建构的过程。因此，教师在设计课堂活动时，应充分利用情境、协作、会话等要素充分发挥学生的主体性，完成对当前所学知识的内化。教师基于学习通 App 提供的功能来设计线上线下课堂活动，包括签到、讨论、提问、抢答、随堂任务、分组活动、问卷调查等，对学习内容进行分析、对比、总结、概括和抽象，来对学生线上课学习的内容进行考查、评价、巩固、内化，提高学生的听、说、读、写、译水平和英语综合运用能力。

第三，学习活动评价。大学英语线上线下混合式翻转课堂中的学习活动评价应该由教师、同伴及学习者自己共同完成。翻转课堂不但要注重对学习结果的评价，还通过建立学生的学习档案，注重对学习过程的评价，真正做到定量评价和定性评价、形成性评价和总结性评价、对个人的评价和对小组的评价、自我评价和他人评价之间的良好结合。在此过程中，立足语言教学，进行思想文化教育，使学生在语言文化的学习过程中，加深理解和认同我国文化，实现其能力和品格塑造。

4. 举例四

（1）教师课前云班课线上布置预习任务

第一，作业/小组任务。教师在课前将学生分成小组，小组以寝室或学号为单位，可不定期变换小组成员，以促进与激励学习，避免产生倦怠。教师根据本节课主题，设置相关问题讨论：引导学生思考"礼物""父母"相关的话题。在云班课平台作业/小组任务一项中发布，学生可根据自身情况选答一项即可，避免把预习变成负担。针对小组任务，学生可线上自选时间与组员沟通讨论后，描述本组中父母生日或"我国最孝的人"，也可利用网络自主查找，丰富内容。学生学习的过程中如遇到困难先通过小组协作讨论解决，其次向教师寻求帮助，教师要及时给予反馈信息。

提交的形式：每组课前准备一个2分钟左右的PPT或者微视频。师生线上随时交流沟通，教师随时关注学生课前预习情况。

完成期限：学生自主选择时间完成，但下一节课前必须提交，应方便教师及时审阅及批改。通过作业线上批阅，选出1~2篇优秀作品由学生展示。

第二，通过云班课资源项目发布听力任务。教师在云班课资源平台中发布听力材料：单词、短语与课文，听力材料选取大学英语精读本单元配套听力。学生根据教师下发的项目任务，自由安排预习时间和地点，通过电脑、平板或手机端，完成课前预习、积累与单元主题相关词汇和表达，并通过线上个人自主学习获得具体的听力技巧，进行课前定量的知识输入。

（2）课上直播授课与云班课活动及任务发布相结合

课上阶段是实行线上直播教学最重要的环节。教师通过腾讯的屏幕分享功能，向学生展示课件讲解；通过云班课中各项任务的发布促使学生当堂实现词汇识记与应用、提高阅读分析能力，以及人文知识、文化差异的了解与拓展提升能力。教师进行腾讯直播前，可提前10分钟在云班课中开始限时签到，以提醒学生为线上课堂做好准备，避免因网络拥堵等问题造成延误。教师在直播同时可利用录屏软件进行全程录制，对于接收有问题的同学提供回放。

第一，学生成果展示：通过腾讯直播平台，教师选取1~2篇优秀作品由学生个人展示（3分钟），在线上课堂上展示学习成果时，教师可设计互动问题，与全班同学分享交流。教师对学生的成果、语言表达、交际互动等细节做出评价。并针对各组的具体情况，提出存在问题和改善意见。

第二，检查课前预习情况：教师应用PPT展示词汇，在云班课开展随机选人活动，设置相应的问题对学生课前线上收听的音频内容进行考查。

第三，投票/问卷：利用云班课的投票功能，对课前预习内容投票选择，以此提升学生参与线上课堂的积极性，同时也可监控课堂在线人数。

第四，限时任务：随堂测试与讲解。教师根据本单元重点内容，设计成单词选择、完形填空等测试内容编辑整理在课前应用云班课活动中"测试"功能上传，在课中，利用云班课中"限时测试"完成在线小测试。根据云班课的后台反馈，有选择性地对问题比较多的习题进行集中讲解。强化学生词汇应用能力。课后可将测试通道打开，学生可以反复做题。测试所得分数将计入平时考核成绩。

第五，抢答、举手、随机选人：利用腾讯直播课堂可实现同步交流，突破了传统教室中不能同时答题的不足，学生可开麦直接对话，也可在直播课堂QQ群中留言，避免因外界嘈杂不能回答问题的影响，为学生自主学习、主动表达创造了条件。同时，通过抢答、举手、随机选人的方式，教师可以监控整个课堂，了解学生实时在线听课状态，避免因缺少监督而造成学生注意力不集中，最终导致线上听课失败的情况。

第六，头脑风暴：进行单词英汉释义、翻译或造句等便于学生操作的练习设置，使学生积极主动应用所学知识和词汇，练习句型。首先，课堂授课中教师可通过互动监控整个课堂，了解学生即时听课状态以保证高效教学，利用云班课开展"头脑风暴"活动：教师对前10名学生点赞，学生之间也可相互点赞，以此增加学生在本次活动中的参与与竞争意识。其次，进行阅读任务设置：教师通过腾讯直播设计并发布相关测试题，通读本文之后完成阅读理解。如分解文章段落，分析文章结构写出大意以锻炼学生快速阅读能力；设置三到五个阅读理解、选择或问答题，锻炼学生仔细阅读能力。学生在云班课"头脑风暴"中进行答题，教师可根据提交时间与内容赋予相应的经验值；教师可了解学生对文章大意的了解程度，同时锻炼学生四六级应试能力及自主阅读能力。最后，开展话题讨论：在课前预习的基础上，学生小组代表根据教师课堂所讲，回答问题。组内成员可以补充，教师观察各组讨论，必要时给予指导。通过师生交流互动，教师对学生的汇报进行积极评价，各小组也可运用交谈、PPT或者微视频回答（不做限制），教师在课前设置投票任务，各组讨论展示后，由学生投票确定优胜者，给予相应的分值。教师指导的最后结果作为小组作业提交。

（3）课后培养学生英语自主复习、应用能力

课后教学任务设计是通过云班课平台项目中作业／小组活动布置图片、文档、音频、视频等形式的阅读实践、主题作文、主题对话，微课学习等任务，以提升学生听说读写作能力、自主备考应试能力及总结、反思能力。

第一，教师布置课堂难点重点的微课观看任务。由于网络的原因或学生接受程度的差异，线上教学有时不能确保每个学生都能及时掌握。针对难点与重点，教师可以利用云班课中的资源发布微课，学生可反复观看，以强化学生自主复习、总结与反思能力。

第二，教师布置四六级真题或拓展阅读任务，根据平台限定时间完成，学生课后可自主安排时间完成，按规定时间提交。

第三，教师根据章节主题内容布置自主查找任务，使学生学会课文主题的延伸知识。教师在课后可根据课文内容，布置10分钟以内的主题朗读、对话或情

节剧的展示，学生可上传音频或视频，以培养学生的英语口语能力。

教师通过课后作业的布置，让学生能够自主选择适合自己的形式巩固前面所学到的语言知识，同时扩展知识面。该阶段仍需教师的指导作用，发挥教师在学生课后学习过程中的引导和监控作用。

（4）线上评价与考核

教学评价是衡量大学英语教学效果的重要一环，开展多元化的教学评价能从整体上，动态性地观测和评价学生的学习效果。通过线上云班课教学平台中多元化的评价体系，教师可较为全面地评价学生学习。教师的评价要及时、跟进式地反馈，帮助学生反思所学，培养学生深刻和正确反思的能力。在激励学生的同时增强学生自信心及学习英语的动力。教师要通过分值的比重体现出对学生课堂学习态度、方法和效果的重视，平时成绩应客观、真实、准确反映学生对课程内容的掌握程度和学习质量。通过云班课后台导出的课堂参与度等详细数据反馈，以及学生的经验值形成成绩占的权重，作为平时考核成绩。

四、英语教师"课程思政"的能力

（一）英语教学开展"课程思政"的意义、方法和路径

1. 开展"课程思政"教学的重要意义

"课程思政"就是在马克思主义基本立场观点方法的指导下，以学校所有课程为育人载体，把思想政治教育贯穿于教育教学活动全过程的育人理念和实践活动，即课程承载思政、思政寓于课程。贯彻"课程思政"是社会主义现代化建设事业的需要。大学生是未来社会主义事业的建设者和接班人。高等学校的"大学英语"课程理应主动承担起育人使命。《大学英语教学指南（2020版）》提出，大学英语课程是高等学校人文教育的一部分，兼有工具性和人文性双重性质。传统的"大学英语"课程过分强调英语的工具性，一直以来，大学英语在教学中只关注语言内容的输入，教学和教材皆侧重语言形式，教学设计主要围绕听、说、读、写、译的语言技能训练展开，而不关注语言在社会中的意义，忽视语言在实际中的使用，更是极少重视思辨能力的培养。高校传统大学英语课程教学以教授语言及语言文化为主，过分重视语言的工具功能，忽视语言的育人功能，导致大学英语教学缺乏深度与感染力。大学英语课程是外来语言与文化的主要传播载体之一，高校教师在授课过程中需要用潜移默化的方式对大学生的价值观进行引导。大学英语教学中融入思政元素，就教育教学功能而言，可以激发大学生学习内驱力，

提高大学英语课程教学质量，就精神文化而言，可以传播社会主义主流文化，引发大学生价值共鸣。

（1）激发学习内驱力，提高大学英语课程教学质量

随着经济全球化与文化多元化进程的不断加快，英语成为全球通用语言。在高等教育内涵化发展的时代背景下，国家明确提出高校要重视大学生英语学习能力与学习质量。但大学英语教学方法单一，教学模式更新迟缓，大学生英语学习中思政内容涉及较少。在传统大学英语课程教学过程中，教师过分重视大学生对英语语言相关知识的掌握情况。传统的教学模式虽然可以有效提高大学生英语考试通过率，但学习方式死板、学习目标单一，难以激发学生学习内驱力。高校大学英语教学中融入思政元素，可以有效激发学生的学习内驱力。一方面，大学英语教学中融入思政元素不仅有利于当代大学生主动关注国家政治走向，了解国家优秀传统文化，还有利于提升大学生的思考能力和学习兴趣，激发大学生英语学习的内驱力。另一方面，"课程思政"背景下，大学英语教学中融入思政元素，是大学英语教学从以课程为中心转向以立德树人为中心的重要环节，是大学英语教学改革面临的挑战与发展趋向，对提高当代大学生英语学习质量具有不可小觑的价值。

（2）传播社会主义主流文化，引发大学生价值共鸣

语言不仅是交流的工具，也是人类文化传承的主要方式。随着中国国际影响力的不断提升，中西文化交流越来越频繁，英语成为中西方文化交流的重要工具。学习外来文化，是为了了解中西文化的异同，取其精华，去其糟粕，从而深化对本国主流文化的价值认同。大学生的价值观尚未成熟，他们在学习大学英语的过程中可能受到大量外来文化与思想的侵蚀，很可能出现崇洋媚外的行为。教师可以运用英语课程中的思政元素，有计划地将本土文化、主流价值观教育、思想政治教育融入英语课程教学中，帮助大学生在学习外来文化的同时学习本土文化，发挥大学英语教学的思政教育价值，激发大学生的爱国热情，开阔大学生的国际视野。教师应对中西文化持包容的态度，培养大学生自主探索与思考的能力。因此，在大学英语教学中融入思政元素，对学生开展强化民族文化意识及民族自豪感的教育是非常必要的。

2.大学英语教学"课程思政"的问题

（1）没有真正体现思政育人的目标

在传统的人才培养方案中，大学英语的教学主要以大学英语四、六级考试及考研英语为目标导向，目标是提高学生听说读写译等基本知识和技能，而在现实

教学中，忽略了对学生在意识形态方面的引导和思想政治教育，没有从学生未来的职业规划等方面来激发学生学习英语的兴趣。任课教师应该注重培养学生的爱国情怀，提高文化自信，正确引导学生讲好中国故事，传播中国声音。

（2）没能把意识形态教育融入课堂

目前，多数大学英语教师没有受到系统深入的理论教育和指导，在践行"课程思政"存在许多困难。有的任课教师甚至认为大学英语应该主要教授西方文化，在英语课上进行思政教育，不利于培养学生的英语思维能力。在课堂教学中，有的教师只是蜻蜓点水般地加入思政元素，没有起到真正的效果。究其原因，教师自身缺乏"课程思政"教学理论知识和实践经验，无法真正将思想政治教育与课本知识切实融合在一起。

（3）大学英语教材中缺乏"课程思政"的主题材料

大学英语课的主要载体是教材，目前，绝大多数高校大学英语教材的内容基本上都是由英美国家作者撰写，介绍西方特别是英美国家文化居多，提及中国文化的内容甚少，有的只是在少部分练习中会涉及中国政治、经济、文化等内容。教材内容没有起到弘扬中国特色社会主义核心价值观的作用，从而导致教师在课堂教学中很难实施思想政治教育，也弱化了学生的"中国梦"，不利于培养学生的文化认同感。

3."课程思政"背景下大学英语教学模式改革实践路径

"课程思政"背景下，知识培养与精神引领同频共振对于高校人才培养具有重要价值。大学英语教学模式改革，应该以"课程思政"教育理念为引领，以教师"课程思政"专业教学能力提升引航，以高校大学英语课程资源挖掘引流，以教学改革制度建设护航，从理念、教师专业水平、思政课程资源、制度四个方面同时发力。

（1）以"课程思政"教育理念引领

人都是自己思想的奴隶，一个人的行为方式受制于其特定的观念和思想。""课程思政"背景下，树立科学的教育教学理念是大学英语教学模式改革的基本前提。大学英语授课教师作为教育教学活动的直接参与者，其教育教学理念对于思政因素融入大学英语课程教学具有重要的引领作用。

将思政元素快速融入高校各门学科的课程教学中，是高校改革和强化大学生价值观教育的主要趋势与方向，是高校实现德育与智育并重、培养德才兼备的优秀人才的重要渠道，也是高校响应国家"三全育人"号召的重要举措。文化多元化的时代背景下，高校大学生面临重塑价值观的挑战，因此，应以"课程思政"

理念为引领，发挥大学英语课程的文化优势。一方面，高校管理人员应该在校内广泛宣传课程思政理念的内涵与价值，保证高校教育教学活动的参与者把握"课程思政"的内涵精髓。另一方面，高校应不断培养大学英语教师的"课程思政"教育理念，引导授课教师正确认识"课程思政"。

（2）以教师"课程思政"专业教学能力提升引航

"课程思政"背景下，大学英语教学模式改革的重要推动者与责任人是教师。教师课程思政能力建设是大学英语教学模式改革的关键因素。大学英语教师的"课程思政"能力是指将思政元素与大学英语课程内容有机融合的能力和将教学方式思政化的能力。

首先，大学英语教师应该具备将思政元素与大学英语课程内容有机融合的能力。大学英语教师要在整体把握大学英语课程教学目标的基础上，创造性地进行课程内容的设计与安排，保证大学英语"课程思政"价值的充分发挥。大学英语教师应该正确审视英语课程内容所涉及的西方主流思想、多元文化及价值观选择等问题，在满足大学生英语学习需求的基础上，引导大学生树立科学的价值观、人生观与世界观，使其不受西方腐朽思想的侵蚀。其次，大学英语教师应具备灵活选择教学方式的能力。大学英语教师应该基于培养应用型人才的核心目标，强调大学英语课程学习的问题导向，创新大学英语教育教学方法。大学英语教师应该改变"我讲你听"的传统授课模式，将话题型课程内容的学习主体权利还给学生，充分发挥大学生的主观能动性。以学生为主体的教学模式不仅可以帮助教师了解学生的学习需求，而且可以深化课程内容的教育价值，使大学生对课程内容产生兴趣并进行思考，从而实现"课程思政"教育目标。

（3）以高校课程资源挖掘引流

课程是高校教育教学活动的载体。高校课程内容的设置需要围绕培养德才兼备的人才这一核心要求，大学英语教材的研发同样要基于育才、育人双重目标。大学英语课程具有丰富的思政资源，因此，高校应高度重视大学英语课程资源的开发，挖掘其中的思政元素。

首先，基于课程目标，大学英语课程教材内容应利用西方本土相关素材，帮助高校大学生了解西方文化。大学英语课程不仅能够帮助大学生提升英语语言运用能力，还能够帮助大学生了解国外优秀文化，利用英语语言工具传播中华民族优秀文化。其次，课程思政背景下，高校大学英语教学目标应包括帮助大学生学习西方文化和培养大学生的价值判断能力两方面重要内容。高校设置大学英语课程时，应该有意识地将培养大学生社会主义核心价值观的思政元素融入大学英教材中，以"润物细无声"的方式对高校大学生开展思政教育，在培养大学生语言能力、提升大学生的知识水平的同时，坚定大学生的文化自信，提升其人格魅力。最后，国家应该将支持高校进行"课程思政"教学改革落到实处。一方面，可以根据各个高校的实际情况给予课程研发、平台建设、师资建设等方面的资金投入；另一方面，可以举办全国高校"课程思政"课程研发竞赛，鼓励全国高校积极参与课程研发。

（4）以教学改革制度建设护航

大学英语"课程思政"制度保障主要包括英语教师培养机制、思政平台建设机制以及大学英语课程考核机制。

首先，高校应切实加强大学英语课程教师培养机制的构建。高校要坚持"引进来""走出去"的人才培养原则，一方面，可以请"课程思政"教育教学专家来校进行实践教学，另一方面，可以去"课程思政"教育教学示范高校进行跟踪学习，从而使高校大学英语教师更新"课程思政"教育教学理念，创新教学方式。其次，高校应建设大学英语"课程思政"教学平台。高校需要建立"课程思政"园区或者配备专门的大学英语"课程思政"教室，配置教学硬件设施，营造"课程思政"教学氛围。最后，高校应及时更新大学英语课程考核评价方式。目前，大学英语课程评价方式主要是期末笔试考核，评价标准比较单一。"课程思政"背景下，高校大学英语课程考核机制应该围绕德育和智育，全过程、全方位考核大学英语学习质量。大学英语课堂教学考核应该将思政元素纳入其中，构建平时成绩和期末成绩双重评价指标。

（二）英语教学中开展"课程思政"举例

1. 举例一

大学英语课程不仅仅是一门语言课程，它是高等教育中人文教育的重要组成部分，担负着为国家培养高质量人才的使命。高质量的人才需要兼具过硬的专业知识能力和高尚的品德修养。学生既要学好英语，也要树立正确的人生观、世界观、价值观，以及提升思想道德修养，才能用英语讲好中国故事，传播好中国声音，立足本国的同时又能面向世界。以《新时代大学进阶英语综合教程1（第2版）》为例，进行英语"课程思政"教学实践。

（1）技术赋能

依靠技术支持，课堂教学中单纯的语言知识输入的时间会减少，思政内容的输入和讨论的时间得以保证。学生借助教材配套移动终端（池馆App）的练习及手机 App（可可英语 App，批改网）的练习完成英语基础知识的学习和课程的预习，此教学环节的设计目的是提升学生自学能力和解决问题能力，学生不再是被动地接受老师所讲的语法和句法知识，而是充分发挥自身的自主学习能力，掌握基础的词汇知识，充分预习课堂教学内容。

课前，学生需要完成两个任务，第一是完成教材配套移动终端和手机 App 的练习；第二是通过小组合作的方式，根据老师布置的单元主题相关的话题，通过互联网等手段收集资料。通过完成以上两个任务，学生在课前已经了解了新课文的主要内容和相应的生词，同时对主题相关的信息有了一定的积累。

课堂上，教师上课的前 20 分钟通过学生自己讲解或提问的方式检查学生基础语言知识的掌握情况，查缺补漏，课堂教学中机械输入的比重大大减少，教学重点转移到主题相关话题延展。主题讨论涉及外卖经济、大学生的社会责任、体育精神等，话题与时事连接紧密，与大学生关心的话题挂钩，在对主题讨论的过程中，学生自己发现问题，寻找资料，解决问题，由被动接受者变成了主动学习者。

（2）立足课程主题，思政内容贯穿教学过程

以《新时代大学进阶英语综合教程1（第2版）》为例，课文涵盖多个主题，从中可以提炼多个思政内容，例如第四单元的"各美其美，美人之美，美美与共，天下大同"和第五单元的"乒乓外交"。

结合思政相关语言素材，引导学生理解翻译和讨论。此教学环节一般有三种形式：理解翻译相关语录。鼓励学生用自己的话解释古语或相关选段，在理解的基础上试着翻译。教师对学生的理解和翻译进行点评，引出翻译技巧，提升学生翻译水平。看视频听语音，在了解思政信息的同时，引入听力技巧，加强英语听力练习、讨论，针对主题，引导学生主动思考，把思政内容和现实生活结合起来，用正确的价值观引导学生行为。

语录的相关翻译既能够让学生了解中国的传统文化和思想，也能够习得英语的翻译技巧。以第五单元中的《体育之研究》的节选，"体者，为知识之载而为道德之寓者也，其载知识也如车，其寓道德也如舍"为例，其翻译为"It is the body that contains knowledge and houses virtue.It contains knowledge like a chariot and houses morality like a chamber."这一翻译中包括了强调句的翻译技巧，在深入解释这一节选的内涵的同时，学生也掌握了强调句的用法。

看视频听语音。以第一单元中的视频《窑洞里的读书人》为例，看完视频后，要求学生复述"我最大的爱好就是读书，读书已经成为自己的一种生活方式，读

各类书，我想，这是一个终身的爱好"这句话，并以小组形式进行比赛，看哪一个小组的复述是最完整且正确的，这既锻炼了听力与表达能力，也加深了对课文主题的理解，课堂的气氛也更加活跃。

把思政内容用多样的形式表现出来，与学生的兴趣结合。以第五单元为例，主题拓展后，教师引出了"乒乓外交"这个话题，在课堂上介绍了相关知识后，要求学生以小组为单位，课后收集资料，进一步了解相关信息，同时在下一次课上用任意形式来展现小组了解的信息。有的小组选择用PPT展现的方式，也有的小组选择用表演的方式，表现出两国运动员的交流，课堂形式丰富多彩，展现形式以学生的自主选择为主，强调了学生的自主性。

思政教育与大学英语的有机结合，可以引导学生将人生观、价值观、世界观及道德观等与英语语言学习有机结合，提升大学生的政治认同、价值认同和文化自信。通过此教学环节，学生更加了解自己国家的文化，同时掌握了中国特色的词语表达，可以用英语说中国故事。

2. 举例二

（1）重构教材内容，实施模块化教学，串联育人隐线

在实施大学英语"课程思政"教学实践过程中，可以明线与隐线相结合的方式，即在语言知识传授、语言技能培养这条明线中嵌入思政育人这条隐线，真正发挥大学英语教书育人功能。以《新世纪大学英语综合教程3》为例，教学设计中可以大胆打破按照单元顺序进行教学的旧思路，重构教材内容，根据单元主题之间隐含的逻辑关系剥离出"教育与文化—爱和友谊、运动和健康—获得幸福"这条思政教育这条主线，实施模块化教学，以 Unit 7 & 8 "教育和文化"作为第一板块统领全书，引出第二板块 Unit 2 & 3 "爱和友谊"及第三板块 Unit 4 & 5 "运动和健康"，最后回归到第四板块 Unit6 "幸福"。学生通过前三个板块的学习，即经由"教育和文化"这条知识之路树立正确的爱情观、友谊观、健康观，有效区分物质幸福与精神幸福，能够做到超越表层幸福，追求精神幸福，深化对幸福内涵的理解，树立"幸福是奋斗出来的"的价值观，激发情感，实现价值引领和精神塑造。

教学设计中要重视学生的学习成果产出，每个模块设计相应的成果产出任务，可以将班级划分为四个大组，每个大组细分为四个小组，四个大组分别对应四大板块的成果产出任务。第一、二板块的成果形式为小组合作制作ＰＰＴ并课堂汇报，第三、四板块的成果形式为小组合作录制微视频并课堂展演。成果导向教育理念有效助推了大学英语"课程思政"教学，学生通过成果产出，既锻炼了语言应用

能力，提高了信息加工整合能力，增强了团队合作能力，同时树立了正确的爱情观、友谊观、健康观、幸福观，提升了个人修养，增强了文化自信，实现了人格塑造。

（2）实施精准思政，将育人元素巧妙融入语言学习

"课程思政"要区分思政点与思政元素，思政点是由课程内容引申出的一个主题明确、思想深刻、内涵丰富、自成一体的思政主题，具有精、准、深的特性，它可以包含思政元素，而思政元素相对零散，缺乏体系，但往往贯穿教学全过程。基于此，"课程思政"要实施精准思政，每单元6个课时大致对应3~4个思政点，每个思政点须与课程内容紧密结合，讲解时间为5分钟左右，确保思政点讲深讲透。思政点的融入要灵活、巧妙、自然、有机，而不是生搬硬套，更不是全程说教。以《新世纪大学英语综合教程1》第6单元"文明礼仪"为例，课文主要聚焦两个家庭因公共场所小孩扬沙子导致双方发生冲突这一核心事件，引导学生思考冲突的内涵进而探究如何处理冲突特别是当今世界的文明冲突。教学设计中紧扣"冲突"这个核心字眼，围绕冲突产生、发展、解决将课文划分为三个部分，每部分对应一个思政点，并从语言、文化、思维三个维度挖掘育人元素。以第二个思政点为例，设置填写表格任务，学生找出文中面对不断升级的冲突，表现冲突双方不同反应的核心词汇、短语、句式结构，语言层面输入表达"contrast"的词汇短语，并让学生运用这些词汇短语口头描述中美两国应对疫情的不同做法，既能提升语言能力又增强了家国情怀。文化层面通过连线活动引导学生思考冲突的五种表现形式：人与人、人与自然、人与社会、国与国、文明与文明；观看视频"六尺巷"，设计诗歌"六尺巷"的英文翻译练习，引导学生思考如何从中国传统文化中汲取智慧，恰当处理冲突。思维层面通过观看TED演讲视频 *Conflict, good or bad*？引导学生围绕"冲突，好还是不好？"展开辩论，教师总结，指出"冲突本身既不好也不坏，有时冲突中蕴含着变革的力量""身处冲突时应利用冲突"，帮助学生深化对于冲突内涵的全面理解，树立正确的冲突观。本思政点最后的产出成果形式是翻译习近平总书记2018年在上海合作组织成员国元首理事会第十八次会议上的讲话中关于"文明冲突"的论述，既锻炼了学生语言运用能力，又使学生学会正确处理冲突，正视文明差异，形成国际视野和开放眼光。实践证明，将语言知识与育人元素精准结合，深入阐释，自然融入，能够起到很好的育人效果。

（3）创新教学模式，实施线上线下混合式教学

随着信息技术的迅猛发展和互联网的高度普及，线上线下混合式学习的优势

日益凸显。特别是面对大学英语学分不断压缩的现状，仅凭传统课堂教学难以担负起培养应用型英语人才的重任，混合式教学成为大学英语教学的理想选择。混合式教学不是线上学习与线下教学的简单叠加，而是依据学生学习需求，有目的、有计划、有意识地利用现代信息技术革新传统教学模式，优化学习效果。

仍以《新世纪大学英语综合教程1》第6单元"文明礼仪"为例。教师先将单元任务清单、课前思政阅读素材、预习任务上传网络平台，要求学生针对身边的不文明行为进行调研，并将调研结果绘制成思维导图上传网络平台。教师将基于思政视角下的语言知识和听说读写译基本技能相关的理论知识讲解录制微课，由学生在线学习并完成相应练习，巩固基础知识。线下主要围绕语言技能训练、批判思维能力培养、中华文化自信培养、核心价值观认同培养设计基于成果导向的学生参与式教学活动，例如针对不文明行为的调研进行课堂汇报，围绕"冲突是好是坏"展开辩论，翻译诗歌"六尺巷"并讨论，依托文明的多维理解开展段落写作。这些活动不仅能够将线上所学语言知识和技能转化为实践运用能力，同时增强了学生的政治认同、家国情怀、文化自信，能够正确看待并处理冲突，培养了团队合作、沟通交流能力。单元学习结束后布置单元产出任务，形式包括演讲、写作、视频录制。学生可任意选择其中之一，并将作品上传网络平台，进行在线师生互评和生生互评。成果导向教育理念不仅决定了单元最终产出成果，也融入课堂教学的各个环节，有助于全面提升学生语言运用能力和道德水平。线上线下混合式教学充分发挥各自优势，有效拓展了学习的时间和空间，提升了课堂教学效率，锻炼了学生语言运用能力，树立了批判思维能力，增强了政治文化认同。

第四节 英语教师的职业规划

一、教师转型发展的困境

高校英语教师转型发展的困境主要分为两个部分，分别是内部困境与外部困境。内部困境指高校英语教师师德意识淡化，很难培养出德智体美全面发展的社会主义接班人；高校英语教师转型意识淡薄，不明确高校需培养怎样的人才及如何改变教育教学模式。外部困境指高校英语教师专业转型发展途径缺乏，不能提升高校英语教师专业水平与科研能力；高校英语教师转型发展环境急需优化，高校不注重英语教师转型发展优越环境的创造，降低了高校英语教师转型发展的进度。

（一）师德意识淡化

评价高素质英语教师队伍的主要标准为高校英语教师的师德师风。高校英语教师属于高校学生灵魂的工程师与成长的领路人。高校英语教师在实际教学时，其一举一动均能够影响学生的世界观、人生观与价值观。若高校英语教师的思想政治素质与师德修养水平较低，很难培育出德智体美全面发展的人才。受复杂多变社会环境的影响，个别高校英语教师会出现人生观与价值观扭曲的情况，现今社会经常曝出因教师师德失范引起的恶劣事件，这就表明高校英语教师师德师风建设的重要性。针对高校英语教师转型发展而言，高校英语教师需在完善知识结构、提升英语专业技能时投入大量精力，适应转型发展，这就导致高校英语教师忽略政治理论知识学习与道德素养修炼的重要性，渐渐出现师德意识淡化问题。

（二）转型意识淡薄

高校英语教师转型代表高校办学定位出现本质性变化，改变培养目标、教育模式、教师队伍与办学机制等方面。在高校英语教师转型发展情况下，大部分英语教师处于意识模糊与转型意识淡薄的情形，存在"想当然"型、"自大"型与"模糊"型三种典型的意识误区。"想当然"型英语教师将高校英语教师转型发展问题当作高校顶层设计问题，即高校管理层设计转型发展制度，高校英语教师按照转型发展制度办事，便完成高校英语教师转型发展，与自身没有关系；"自大"型英语教师以为自己具有高尚的思想道德品质、扎实的英语专业基础知识、卓越的教育能力与熟练的实践能力，足够引领学生完成日常英语学习、英语技能竞赛、英语论文设计与实习实训等操作，不需提升思想素质及转型；"模糊"型英语教师指不能准确了解高校的内涵、不明确高校培养人才目标、不知道如何改变教学模式与增强学生实践能力，对于高校英语教师转型发展问题感到不知所措。

（三）专业培训途径缺乏

高校英语教师专业培训属于高校英语教师转型发展的有效途径，也是高校英语教师积极追求的职业目标，不是自主情况下实现的，需要通过不同的、积极有效的发展途径，综合考虑不同方面的影响因素，提升高校英语教师专业能力，完成高校英语教师转型发展。高校英语教师属于学生发展的引领者与促进者，也是英语教育教学的践行者与英语教育问题的研究者，这就需要通过不同有效的途径促进高校英语教师专业转型发展。从高校英语教师自主学习、参与调研与外出学习培训等方面考察高校英语教师专业培训途径缺乏的困境。

（四）转型发展环境急需优化

高校英语教师转型发展需要大量的人力、物力与财力等多方面支撑。由于高校自身规模扩展与英语专业人才培养模式的改变，现有的高校英语专业培训模式已不能满足高校英语教师转型发展的需求。目前高校英语教师培训仅停留在形式上，基本都是组织团体讲座与网络课程学习等活动，导致高校英语教师没有对应的实践训练活动，不能满足高校英语教师的实际需求，造成高校英语教师培训效果较差。由于高校的各种费用支持力度非常小，所以高校英语教师实践训练室的硬件设施缺乏，大多数高校没有关注高校英语教师转型发展优越环境的建设，大大降低了高校英语教师转型发展的速度。

二、教师职业倦怠的表现与原因

（一）教师职业倦怠的表现

近年来，随着中国的崛起和对外关系的嬗变演进，大学英语在高校学科中的地位有所下降，这不可避免地对英语教师造成思想冲击。一些英语教师不同程度地存在职业倦怠，主要表现在教学、科研和社会服务这三个方面。

1. 教学方面

教师的天职是教书育人，承担着传道、授业、解惑的职责和任务。党和政府高度重视教育事业和教师队伍建设，从战略高度先后提出"科教兴国""人才强国"的战略，也对教育工作者提出了很高的要求，寄予很大的期望。但是部分英语教师随着年龄的增长，进取心衰退，个人发展进入职业倦怠期，在教学方面主要表现为依靠经验、因循守旧甚至敷衍应付。在教学方式上，有些教师习惯照本宣科和"满堂灌"，较少运用案例式、启发式、互动式教学方法，不注意调动学生的听课兴趣，课堂显得沉闷、呆板。

2. 科研方面

一所高校的科研实力是其综合实力的重要指标。对于一名教师而言，教学和科研是安身立命的根本，尤其是科研能力和水平关系到科研项目申报、职称评定、评奖评优等，需要教师花费大量时间和精力进行深入钻研。科研已成为许多中青年教师职称晋升的"短板"和"拦路虎"，事实上，在有的高校，中级职称已经成为许多教师专业技术职称的"天花板"。有的教师的科研意识比较淡薄，整体科研能力比较薄弱。部分年龄较大、资格较老的教师晋升到高级职称后，便不愿花费时间精力继续搞科研。还有许多已逾中年的教师学术成果乏善可陈，放弃了对学术理想和成长进步的追求。

3. 社会服务方面

社会服务是高等学校的职能之一。2011年12月，教育部、中国教科文卫体工会印发《高等学校教师职业道德规范》(以下简称《规范》)，提出高校教师要"勇担社会责任，自觉承担社会义务，热心公益，服务大众"的规范要求。在现实生活中，有些教师的表现与《规范》中的要求尚存在差距。英语教师在社会服务方面的职业倦怠主要表现为对学院和教研室组织的教学研讨、集体备课、讲座报告等公共活动的消极态度，对教育主管部门组织的学科课程建设、教研项目申报等公共事务不够热心，对参与政府组织筹办的大型赛事会议的翻译及接待服务工作积极性不高。

（二）教师职业倦怠的原因

1. 教学任务繁重

高校英语教师特别是公共英语教师承担了全校各专业通识类英语教学任务，需要做好集体备课、批改作业、组织考试、参加学习培训、参与教学比赛等日常教学工作。英语教师的工作远没有看起来那么轻松，完成教学工作之外其开展科研的时间处于"碎片化"状态。此外，英语教师多为女性，承担着照顾家庭、抚养子女的任务。繁重的教学任务、机械重复的教学内容和家庭压力给教师带来身心疲惫感。

2. 科研压力较大

开展科研是高校教师的职责，教师科研能力和水平是其晋升职称的重要参考指标。英语教师开展科研面临三大结构性难题。第一，英语教师的专业背景大多为英语语言文学或外国语言学及应用语言学。对公共英语教师而言，他们如果继续基于攻读硕士或博士学位期间的研究方向开展科研，将导致其研究内容和教学实践脱节。第二，外语类科研项目供需失衡现象也比较突出。国家、省、市设立的哲学社会科学规划研究项目外语研究专项立项数量较少，所占比重很低。而外语学院承担着高校公共外语教学，教师数量庞大，导致外语类研究项目一直存在着"僧多粥少"的现象。

3. 英语专业处于弱势地位

随着高等学校英语课程体系改革，英语专业学分被降低，课时被缩短，处于边缘化状态。近年来，英语专业地位下降已是不争的事实。大学英语课程地位的下降引起了学术界的关注，大学英语教学"费时低效"，是"一壶煮不开的温吞水"。大学英语教师的职业发展前途出现危机，与校内强势学科专业相比，英语专业在高水平论文数量、基金项目、科研经费等方面更是难以望其项背。

三、人工智能时代的发展机遇与挑战

（一）发展机遇

第一，人工智能教育应用辅助高校英语教师打造智慧教学模式。在传统英语教学模式中，熟悉教材、精心备课、设计场景、模拟现实生活语言教学环境花费了高校英语教师的主要精力，大班制教学方式下教师无法真正做到针对每个学生的个性化因材施教和有教无类。人工智能教育时代的到来，高校英语教师要更新智慧教学理念，利用人工智能技术构建线上线下混合式智慧教学模式。

在智慧教育平台的辅助下，课前高校英语教师教学资源的准备由原来的一个人或一个教研室扩展到现在校际之间名师群体协作完成，通过人工智能平台个性化推送给高校学生学习。人工智能平台留下学生学习过程中很多学习数据，如学习专注度、做题正确率、学习习惯等，人工智能技术数据挖掘给每位学生精准画像，掌握学生的认知特点、学习需求、个性特征等，智能推送个性化学习资源，让教学方式由以教师为中心转变以学生为中心，实现因材施教；课中高校英语教师依据人工智能平台对学生的薄弱知识点分布等评价数据，针对性建构学生零散的知识点，进一步激发出学生深层次的学习欲望；课后高校英语教师通过人工智能平台随时随地跟学生答疑和推送课后复习资料，并从人工智能平台反馈的教学效果评价数据进行反思、诊断、改进教学模式。

第二，人工智能技术提升高校英语教师教学实施和教学管理能力。人工智能教育平台学习资源的推送、作业自动批改、AI助教智能答疑辅导、语言学习伴侣等功能替代高校英语教师很多重复性工作，让他们从烦冗、重复性工作解脱出来，用更多的精力与时间关注学生能力、素质的培养，潜心教研、教改、研究反哺教学，有效提升高校英语教师教学实施能力。

人工智能教育平台扮演教师、学习伴侣等角色，承担教学资源个性化推送、自动化批改作业、口语与听力测评、学习激励等任务，在这些过程中客观、精准记录每位学生学习进度、规律、知识点掌握理解情况等数据，智慧平台后台运用大数据技术收集、清洗、分析预测，不断地为学生进行精准画像。高校英语教师依据人工智能教育平台反馈的数据，掌握到每位学生的学习状态和进度等，再准确督促每位学生的学习，有效提升高校英语教师教学管理能力。

第三，人工智能技术提升高校英语教师开发教学资源能力。英语教学的难点是缺少语言环境，传统教学模式下高校英语教师开发教学资源能力受限，只能制作 PPT 课件、录制音频和视频、现场模拟演艺模拟的语言环境等，教学效果和覆盖面非常有限。人工智能时代高校英语教师利用人工智能技术、多媒体技术、虚拟现实技术等将口语、听力等教学内容开发出虚拟逼真的语言场景、智能口语测评、自动化作业批改等教学资源，教师教学资源开发能力得到了有效提升。这些丰富、优质、多元的教学资源通过人工智能的语音识别、AI 教师、学习伴侣等功能辅助建立虚拟现实的学习空间，精准、快捷地推送给学生，学生可随时随地、反复、灵活多样获得这些资源，身临其境般的口语、听力训练，从而提升教学效果。

（二）发展挑战

第一，高校英语教师面临失业危机。人工智能技术日益强大，并逐渐应用于各行各业，AI 电商客服、AI 合成女主播、AI 新闻撰稿、智能配送机器人、无人驾驶技术的出现让各行各业的从业者难免恐慌自己的职业是否会被人工智能所取代。人工智能给教育带来的巨大变革，在高校英语教学领域，人工智能等智慧教育平台深度融入教育过程中，雨课堂、微助教等具备教学资源的个性化推送、自动化作业批改、英汉互译、学生自主智能学习与测评、AI 助教、AI 学习伴侣功能的智能学习工具软件广泛应用，大有替代英语教师进行全自动智能学习之势，让高校英语教师倍感职业的压力危机。

尤其近年来高校院校扩招和课时压缩等原因，高校英语课程普遍采取大班化教学，由于学生数量众多，教师几乎无法实现因材施教和及时解答学生提问，而人工智能教学工具根据学情辅助个性化推送教学资源和 AI 助教智能回复学生提问，高校英语教师既担心自己的职业被人工智能学习工具所取代，也担心掌握不了这些智能教学工具而被时代淘汰。

第二，高校英语教师面临失语危机。人工智能技术与计算机网络技术、多媒体技术、数据库技术等有效融合进行英语教学资源开发，将视频、音频、文本、图片等教学资源有机贯通，并通过互联网检索技术将整个高校英语教学资源组成一个有机整体。随着在线资源通过计算机网络不断开放与共享，世界各地优秀教师竞相在互联网展示优秀的教学资源，高校学生可直接通过信息检索便捷、精准、随时随地获取到丰富的、优秀的教学资源，浏览器还可针对性地推送邻近的相应教学资源。一方面，正是因为这些便利和优势，高校英语教师枯燥乏味的传统课堂、无吸引力的 PPT 课件等不再受学生关注，让他们面临尴尬的"失语"窘境。特别是语音资源丰富后，英语教师口语领读、示范等失去优势，高校英语教师本领也将暗淡无光；另一方面，在信息以指数增长的今天，高校学生获取专业信息范围广、知识点零散，教师所拥有的知识量日渐难以满足学生的学习需求，由本领不足而面临失语危机。

第三，高校英语教师面临角色与情感身份危机。当代的高校学生出生并成长在信息技术高速发展时代，他们情感交流的方式深受社交网络的影响，与同学、朋友的交流方式习惯性采取社交网络聊天，在学习过程中遇到问题也各自在互联网上寻找答案，不善于与同学、教师沟通和交流。教育本来就是人与人主体之间的灵肉交流活动，教师在教学过程中与学生的知识问答沟通、情感交流、潜移默化地培育学生的素养和能力，完成"教书"与"育人"的双重职责。人工智能技术在用到高校英语教育过程时，过分依赖外部教学资源，却让师生间直接情感互动、交流变为"教师—技术—学生"三维向度，学生的问答交流主要是与 AI 伴侣或助教之间、自主检索教学资源完成。学生这种直接与人工智能技术交流的方式缺少教师与学生间语言、眼神、情感的碰撞交流，阻碍师生间的信任、亲密和共鸣，不利于高校学生的成长，也让高校英语教师面临角色与情感身份危机。

四、促进英语教师职业发展方法

（一）促进英语教师的转型发展

1. 构建全面师德建设长效机制

通过构建全面师德建设长效机制，改善工作机制，其中师德建设领导机构的组长是书记与校长。由多元化教育替换原有的单一化教育，创新师德教育，在调查研究、学术考查、社会实践与产学研等实践活动中加入常态化师德教育，以全程化教育替换原有的碎片化教育。以全覆盖与无死角为目标，全面增强师德宣传力度，积极创造高尚师德与弘扬最美师魂的美好氛围。完善师德考核制度，高校英语教师考核的关键是高校教师师德考核，如果高校英语教师师德出现瑕疵，即使其教学技能高超、科研水平强劲与创新能力精湛，该英语教师也是不合格教师。

增强师德监督力度，弥补家长参与师德监督的缺陷，组建家长委员会，建立高校、英语教师、学生与家长共同参与的师德监督体系。构建师德激励与惩戒制度，经常实施"最美英语教师"与"师德标兵"等师德先进教师评选活动；执行师德违规行为曝光制度，若高校英语教师出现师德违规行为，及时对其做出严厉与公平的惩罚。

2. 营造高校英语教师转型发展氛围

高校需要增强顶层设计，高校需要深入研究英语教师转型发展的核心问题，通过发展规划部、英语专业学科建设部、科研部与财务部等职能部门联合拟定高校英语教师转型发展规划纲要，其中包括高校英语教师转型发展目标、指导思想与条件保障等内容；高校需要严格按照高校英语教师转型发展纲要有序实施高校英语教师转型工作。高校英语教师转型发展的思路是根据高校英语教师转型目标—判断现实差距—弥补高校英语教师转型发展缺陷，以培养应用型人才与培育应用型师资力量为核心制定相关规章制度，按照规章制度推动高校英语教师转型发展。反思与对话，使高校英语教师提升转型发展的主体自觉性。若要高校英语教师在心里理解与认同转型发展的价值与意义，便需其以自我反思与民主对话的形式自主选择转型发展道路。高校需在校内组织大型高校英语教师转型发展讨论会，在讨论会中每位英语教师均能各抒己见，唤醒英语教师对高校英语教师转型发展的价值认同，提升高校英语教师自我重塑能力，使其积极参与到高校英语教师转型发展事业中。

3. 构建高校英语教师专业在职培训新模式

首先是校本培训模式。校本培训属于一种全方面培训方式，通常是教育主管部门负责规划，高校负责实施。通过丰富的教育资源提升高校英语教师的教学经验与教学技能，以"知"与"能"并重为目标，促进高校英语教师转型发展。校本培训模式共分为四个方面，一是教育主管部门建立高校英语教师专业在职培训课程内容，分别是职业道德修养、现代教学理论、教学模式、教学能力与现代教育技术等；高校按照高校本身的发展需求与整体目标，拟定高校英语教师专业在职培训计划。二是实施校本培训时，教育主管部门与高校需要将高校英语教师当作在职培训课程的制定者与参与者，精准拟定并安排校本培训计划。三是以教学课题为引领，将教学问题当作高校发展的纲领，使高校英语教师做到在学习中研究，在研究中改进，提升高校英语教师的教育教学实践能力。四是校本培训要将合作作为动力，实现师生合作、师师合作与校内校外合作的培训方式，校本培训的基本学习方式是合作学习。

其次是反思型教师培训模式。反思型培训的中心思想是培养高校英语教师的反省与批判意识，精准感应问题意识，提升高校英语教师研究与解决问题能力。反思型培训模式属于一种将反思与实践导向融为一体的高校英语教师培训模式。反思型培训模式共分为四个方面，一是在反思型教师培训模式中，将高校英语教师作为主体，围绕教研专题，将普遍性教学问题进行专题讨论，聘请专家共同探讨复杂的教学问题，利用集体智慧解决问题，在交流学习过程中弥补各自的不足，建立自己的知识体系。二是改善教学行为，高校英语教师需要向反思型教师转变，实施自主演讲学习理论知识，利用理论知识自主观察自己的教学行为，发现自己的教学行为与提倡的教育理论间的差距，找到改善教学行为的对应措施。三是在高校英语教师专业培训中要注重教学实践的反思，实施高校英语教师专业培训的教授必须同时是学术型专家与教学反思的实践型专家，培养学术渊博与技能精湛的反思型专家属于教育主管部门的首要任务，反思型专家能够融合课程期望与高校英语教师专业培训需求，以符合目前教学实践需要为前提，增强高校英语教师精炼教学实践的意识。四是教育主管部门需增强高校英语教师专业培训力度，主要提升高校英语教师的专业研究能力。将高校英语教师实施专项课题作为一种反思形式的行动研究，通过研究指导实践，发现教学实践中的问题，深入研究该问题，有理有据地解析教育理论，获取创造型解决方案，提升反思教育教学活动的实效性。

4. 创造高校英语教师转型发展的优越环境

明确高校英语教师转型发展的重要标准，高校英语教师转型发展是一个非常烦琐的工程。在高校英语教师转型发展问题上，国家需为其实施准确的宏观指导，深入考查其综合教学能力，明确其教学思想、办学理念、人才培养规划与英语教师安排分配等详细规划。对于符合教学思想、办学理念、人才培养规划与英语教师安排分配等考核指标的高校，国家应允许高校英语教师自主设定专业的决定权，确立责任权限与监督模式。构建高校英语教师转型发展的标准，完善其相关的支持政策与体制，为高校英语教师转型发展提供根本动力。创造高校英语教师转型发展的优越环境共分三个方面，一是建立高校英语教师转型发展的职位评定机制，确立科研评价观念，在保留高校英语教师转型的专业职称的基础上增设编制，设置研究学术—整合学术—科研学术—教学学术的多样等比考核制度。二是建立高校教师转型发展的流动机制，全方位增加投入资金，增加高校英语教师到企业中实习的机会，提升高校英语教师实践能力。三是建立高校英语教师教学示范鼓励机制，构建高校英语教师转型教学示范工程，增加人力、物力与财力的投入量，积极奖励教学能力精湛、教学效果明显与教学成果突出的优秀高校英语教师，促进高校英语教师转型发展。

（二）缓解英语教师的职业倦怠

1. 提升高校教师社会地位

高等教育的改革发展过程中，社会环境和社会制度的支持在众多影响因素中起着重要作用。英语教师的辛勤付出使得全社会的英语水平日益提高，大学英语教师的劳动理应在全社会范围内被正确认识和理解，工作成就能够得到客观、全面、公正地评价，这有利于在社会上形成积极的尊师重教氛围，使教师对自己的职业有一种职业认同感和职业成就感。高校应采取积极的行动，采取切实有效的措施，为教师的职业发展提供更大的空间，有效地提高教师的工作积极性。高校应招聘并培养更多有责任心的外语教师，能够有效分担现有教师繁重的教学工作任务，这样教师就会有更多的时间和精力用来改进教学方式，提高自己的工作能力。

2. 实行人性化的管理制度

高校教师日常管理制度应该更加人性化，支持鼓励教师更多地参与到学校相关规章制度的制订，体现教师的主体地位。如对教师的心理方面，要有相关的心理保健机制，将心理保健体制纳入学校的日常管理；定期开展对教师的心理疏导，在团体中开展各种有针对性地改善心理健康的活动，使教师更为清晰地体会到团体的力量，消除教师在集体中的隔阂，在心理上减少对集体活动的不适。

3. 提高教师的薪酬待遇

高校教师能够在社会中得到认可与其创造的价值和得到的薪酬息息相关。目前高校教师的社会经济地位有了明显提升，但是高校教师的付出与薪酬回报仍然不一致，需要对现有的薪酬分配制度进行改革和创新，建立适应现代高校需要的科学的薪酬制度。

（三）充分利用人工智能的优势

1. 重新定位教师角色

在传统教育理念里，整个教学以教师为中心，主导整个教学过程的组织实施、知识的传授、学生学习效果评价等全部环节。当代的大学生伴随着信息技术高速发展成长起来，网上交友、聊天、娱乐、信息检索是他们喜欢的日常生活习惯，课堂教学不再是他们获取知识的唯一渠道，采取传统方式进行授课已逐渐不受当代学生的欢迎，这就促使教师采取措施应对。广大英语教师在面对传统教学的不足和人工智能教育技术大潮时，逐步从"被动适应"了解信息技术到慢慢地"主动参与"掌握智慧教育技术，MOOC、翻转课堂、在线教学、线上线下混合式教学等多种智慧教学模式涌现，教学理念已悄然地发生改变。

英语教师在逐步适应人工智能教育技术的教学过程面临教学理念、教学方式、教学技术、教学组织、教学评价、人与平台配合等很多新的境况，只有顺应时代潮流、创新教育理念、潜心了解人工智能教育的发展趋势、拓展专业知识和教学能力的广度与深度、与广大同行协作、人机配合构建适合的教学模式等为学生创设良好的教学资源和学习环境，才能正确利用人工智能教育技术开展教学；同时，英语教师需提升"课程思政"能力，把人文素养、价值观、职业素养等融入英语课堂，教学理念由"以教师为中心"转变到"以学生为中心"，由促进学生"接受学习"转变为"主动建构"。教师角色定位由原来的教学主导者逐步转变为学生学习的规划者、支持者、指导者，打造基于人工智能教育技术的多元学习共同体，才不会在人工智能教育时代潮流中迷失自我。

2. 提升教师信息化素养

人工智能技术在教育领域有众多的优势和价值，但真正发挥作用的前提是教师接受、使用、掌握好人工智能技术。英语教师从其内在专业发展能力提升、外在环境趋势都要求学会使用智能化教育技术。英语教师要想熟练驾驭人工智能技术，可从以下四点入手来提高自身信息化教学能力和素养，促使自身专业发展的提升。

首先，英语教师学会掌握使用智能化设备，运用人工智能技术、多媒体技术、虚拟现实技术等，会同其他专家、同行一起开发数字化网络教学资源、创设丰富多元的教学活动；其次，搭建人工智能教育学习环境，向学生推送教学资源，指导学生掌握人工智能学习工具开展学习，并通过人工智能教育平台记录、探究他们在人工智能环境下学习能力、思维能力的情况等；再次，利用人工智能技术情境化、网络化、智能化的教学环境，人机配合开展智慧教学，运用教学技能规划、引导学生将线上碎片化学习的知识点连贯构建；最后，运用人工智能教育平台反馈的学生学习评价数据，进行教学总结、反思教学模式和教学方法，深化教学改革促进人工智能技术与教育深度融合。

3. 创造英语教学新形态

人工智能为英语教学带来大量的共享资源，学生在手机上安装一个单词听写、阅读类的软件就能完成基本的英语基础练习，这让习惯于传统教学模式的教师无所适从，感觉失"领"又失"语"。人工智能教育带来教师高效率工作、学生灵活性学习情境等优势，但再发达也替代不了教师在学生知识构建迁移、创新创造力提升、人格情感塑造、道德品德培养等方面的独特优势。英语教师只有认清教育技术发展形势和方向，更新教学理念，从以下几点提高自身教学管理和实施本领，才能开辟新的话语通道，把握话语权。

首先，构建学生线上学习，教师线下督促、管理和陪伴"三位一体"的人工智能教育新模式、新形态。将传统课堂教学传授知识的观念转变重点培养学生自主学习能力，充当学生学习过程的领航员、学习情境的创设者、学习的评估者、发展的交流者、学习资源的开发者和专业成长的自主学习者；其次，英语教师在教学过程、师生交流等环节要发挥教师的言传身教、语言组织、情感优势，在口语、听力纠错等言语上碾压人工智能，超越人工智能对学生进行道德培养、情感传递，实现师生间"零距离"互动；再次，学生在智能平台上学习存在知识点零散、被动接受、机械记忆等问题，英语教师在线下教学过程中要引导学生深层次学习，充分发挥对知识理解深层加工、建构、迁移、创新的作用；最后，合理利用平台反馈的数据，进行教学诊断与改进，及时发现教学过程中的问题、数据中隐现的个别学生情感问题等，做到有的放矢。

4. 增强教师职业使命感

人工智能具有强大的学情数据收集、挖掘处理、分析功能，有助于促进教育模式的转变，为教师精准教学、学生个性化学习带来诸多优势。但是，英语教师在广泛运用人工智能技术时，不仅要发挥人工智能的显著优势，更要清楚认识到人工智能隐藏的缺陷，发挥教师独特的作用，与人工智能优势互补。人工智能隐藏的缺陷主要表现在两方面：一方面，人工智能缺少社会属性，人工智能的语言是计算机编程语言，学生在人工智能平台上学习行为、问题咨询回复都是预先编程设置的，无法实现人与人间"零距离"自由地互动聊天，不具备从学生行为和问题中发现问题能力；另一方面，人工智能缺少心理属性，人工智能技术虽然在某些方面跟人的思维越来越接近，但它不可能具有人类特有的情感，无法在教育教学过程中取代教师给予学生人文关怀、道德与情感教育。正因如此，英语教师不能对人工智能片面崇拜，要清醒认识人工智能本质上属于机器，无法代替教师为学生提供人性关怀和情感交互；英语教师为在线学生传授知识的同时，要增加教师职业使命感，充分发挥教师情感的独特优势，走进学生内心，了解在智能化学习过程中学习体验和内心需要，与学生有效沟通。

首先，积极关注学生的学习体验和情感变化，充分凸显英语教师职业使命感和人文关怀。英语教师应实时接收人工智能反馈学生学习体验数据、线下教学时观察发现学生情感变化、关注学生朋友圈、了解学生情感问题等方式把握学生动态数据，通过线上线下相结合的教育方式、学生喜欢的社交媒介等，虚实交融、积极融入学生线上线下问答、线下学习交流研讨活动，为学生排疑解惑；其次，积极与学生进行情感互动，充分凸显英语教师立德树人的职业使命。一方面，注重情感教育内容的设计，在教学和交流过程中加入与生命意义与价值、生活经验与感悟等相关的情感教育内容，把学生培养成身心健康的人；另一方面，开发适宜的情感教育资源，借助人工智能平台、网络空间的师生交流关注学生的世界观、人生观、审美观和价值观等的培育和养成。

五、教师职业发展的新形式

（一）教学理念发生改变

开展高校英语教学，首先面临的挑战是教学理念发生了根本性变革。在传统的英语教学理念中，主要以传授英语语言知识为主，要求学生能够掌握基本的词汇和语法知识，能够阅读一般的英语文章并理解其含义，且具备一定的英语写作能力。传统英语教育与新的教育之间相互脱离，致使英语课程学习的实效性无法体现出来。

（二）教学体系改革不断深化

相对于传统英语教学模式而言，新理念指导下的英语教学互动更加侧重于培养学生的语言应用能力及专业知识应用能力，因此在教学体系方面必然会发生对应的变革。首先是教材编写要有一定的专业性特征，即便无法专门编写专业性的英语教材，也应当增加专业英语方面的选修内容，以提升教师教学内容组织的灵活性。其次是在教学方法应用方面，必须要改变传统的灌输式教学，采用翻转课堂、小组讨论等教学模式，以确保学生能够保持良好的学习积极性。最后是教学评价方面，更加侧重于对学生实际应用能力的培养，也就是在专业课程学习中逐步导入英语交流，使学生最终达到熟练应用的目的，全面提升学生的英语学习和应用水平。

（三）师生主体地位发生转变

在新的教学理念引导下，教学方法和教学目标发生了根本性变革，使教学活动的师生主体地位也发生了同步变化。在教学活动组织中,教师不能再单纯地将自己放在主体地位,而应当以学生为主体,充分发挥自身的引导作用。但目前受制于教学模式改革和教师职业发展能力等方面的限制,多数教师无法在教学活动中将主体地位转换过来,难以有效激发学生学习的积极性,不能将学生的英语学习与专业课程学习有效衔接。

(四)教师职业发展重心发生转变

对于高校英语教师而言,职业发展伴随着其整个教学过程,只有不断适应新教学理念的要求,积极提升自身职业能力,才能够确保教学活动保持高水平发展状态。但是对于部分高校英语教师而言,因受传统教学理念的影响,教学思维较为固化,对新教学模式的接受程度比较有限,在教学改革方面的投入精力也不足。同时,又因多数教师还承担着课题研究、校企合作平台搭建等方面的工作,使得教师在新型教学理念学习和应用方面的投入力度受到较大限制,无法满足职业发展的要求,导致教学改革不够深入。

六、英语教师的情绪调节策略

不了解教师情绪调节会导致教师倦怠和对工作不满,教学和课堂管理效率低下,以及教师流失等问题。情绪调节过程具体包括五种情绪调节策略,即情境选择、情境修正、注意分配、认知改变和反应调节。由于这些策略在情绪生成过程中的不同点进行干预,因此这些策略会产生不同的即时和长期的社会、认知和情感后果。

(一)情境选择

情境选择是指基于在情境中体验特定情绪的期望选择情境。人们会在特定情境中产生理想的或不理想的情感体验,进而选择接触或避开某些人、场所、事物等情境要素。情境选择是一项最具前瞻性的策略,因为它发生在任何情绪产生之前。这种策略是预判在何种情况下可能会经历何种情绪,但鉴于情境的复杂性,这可能很难准确判断。然而,情境选择与成功地创造积极的生活体验有关。教师在进行课程规划时,可以使用情境选择这一策略,以避免或增强自身或学生的某些情绪,或构建有可能降低学生不当行为的课堂情境。

（二）情境修正

情境修正是指积极改变情境以改变其对情绪的影响。具体来说，当处于某种情绪情境时，个体为了应对该情境对自我或他人情绪的影响，往往会对情境条件进行一系列修正。由于在情境修正过程中很可能会创建出一个新的情境，因此有时候很难明确地区分修正情境和选择情境。情境选择是教师预期自己或学生情绪体验的情况，并根据这种预期选择了一个情境；情境修正是教师处于引发不良情绪的情境中，他们改变或至少试图改变这一情境的各个方面，以改变自己或学生的情绪。教师可以使用情境修正来改变未按预期进行的教学计划，在课堂上应该充分发挥能动性，随时发现问题并及时通过情境修正解决问题。

（三）注意分配

注意分配是指外部或内部集中注意力，以改变情绪反应。这可以通过关注情境的另一个方面或完全转移对情境的注意力来实现。分散注意力可以通过将视线从引发情绪的刺激物上移开来实现，也可以通过回想平常的、愉快的经历来实现。分散注意力会导致对引发消极情绪的刺激不产生情绪反应，在高强度的消极情境中，教师可以通过在课前关注积极的想法或在课堂上忽略那些行为不端的学生来改善情绪。

（四）认知改变

认知改变是指改变人们对某一情境的评价以改变该情境所产生的情绪影响。重新评估是最常见的认知改变类型，通过重新评估下调负面情绪可以降低负面情绪的强度，它既不影响记忆也不增强记忆。当教师对学生的某些行为不满意或发现学生有不当行为时，可以通过重新评估来重新解释产生这些不当行为的缘由。

（五）反应调节

反应调节是指改变情绪反应的生理或行为表现。表达抑制是最常被研究的反应调节形式，指努力抑制对感觉到的情绪的行为表达。表达抑制会减少被抑制的积极情绪，但不会减少被抑制的消极情绪，有利于激活交感神经系统。反应调节的另一种方式是假装，这是指行为上表达一种没有感觉到的情绪。掩饰也是一种反应调节策略，指努力抑制表达感觉到的或真实的情绪，同时假装表达没有感觉到的或不真实的情绪。教师可以采取抑制、假装和掩饰来调节情绪。

第四章 英语教师的职业素养现状分析

本章为英语教师的职业素养现状分析,简要介绍英语教师职业素养的情况,共分为两节。第一节为英语教师职业素养的现状,第二节为英语教师职业素养现状的原因。

第一节 英语教师职业素养现状

一、新时代对高校英语教师职业角色的新要求

面对新时代、新使命,高校英语教师肩负着培养勇担使命、引领未来、造福人类新时代大学生的职责使命,最为重要的任务就是对新时代大学生进行思想引领和价值塑造,要做好该工作首先要增强意识的自觉。

(一)增强勇于担当使命的自觉

历史发展的必然性要求新时代中国特色社会主义要担负起中华民族伟大复兴的职责使命。实现中华民族伟大复兴不是喊喊口号、轻轻松松地就能实现,面对日趋复杂的国际国内局势,目标的达成必定是艰难的。大学生是青年群体中的佼佼者,他们接受了教育层次最高的高等教育,享受了中国最优秀的教育资源,无论是在理想信念、知识素养还是技术能力等方面都与其他的青年群体有非常明显的区别,他们将是建设祖国的栋梁之材,是新时代人才的重要力量构成,是实现中国梦的强大生力军,"中国梦"必将在以青年大学生为核心力量的青年手中变为现实。新时代高校英语教师作为新时代大学生成长成才重要的知识和意识教育者,需要从实现中华民族伟大复兴的历史性高度来看待新时代大学生的培养,这是历史赋予新时代高校英语教师的职责使命。在国家和民族需要之际,高校英语

教师要引领青年大学生责无旁贷地勇担历史重任，把自身的成长成才和中华民族的伟大复兴融为一体，为实现中国梦奉献自己的智慧和力量。

（二）增强坚定理想信念的自觉

教育绝不是超越政治的。进入新时代，伴随着中国日益走近世界中心，意识形态领域的交锋愈发激烈。新时代大学生作为建设社会主义现代化强国的重要生力军，必须要确保他们是坚决拥护党的领导，一旦他们的思想状况出了问题，脱离了党的管控，那么后果不堪设想。所以，必须要高度重视和正确认识新时代大学生的思想政治教育工作。高校英语教师也是高校思想政治工作队伍的重要组成部分，是大学生政治思想的引路人，要以更加鲜明的政治自觉，自觉主动地学习好、贯彻好、宣传好党的各项方针政策，引导广大青年大学生把自身的发展和党的需要、国家的需要、人民的需要紧密结合，有效提升新时代青年大学生的爱国情和兴国志。

（三）增强持久职业动力的自觉

职业动力系统包括其职业价值观、职业理想、职业动机等，它决定了从业者从事职业行为的内在动力和方向，是其工作积极性的源泉。高校英语教师由于其职业内容的繁杂性、职业对象的复杂性、职业成效的滞后性等容易产生职业倦怠，特别是在市场经济的冲击和多元文化的浸润下，部分英语教师的职业动力逐渐下降，工作的事业心和进取心不足、获取成就的动机和欲望日渐下跌，功利、浮躁、追求个人利己思想就会日渐增多，转岗、离职的情况也呈普遍趋势。高校英语教师理应成为大学生的人生导师和健康成长的知心朋友，但是一些高校英语教师却在工作中失衡而迷失了自我，丧失了初心，有的在职业倦怠中疲于应付，有的在安于现状中渐渐沉沦，更有甚者在育人道路的反方向渐行渐远。新时代，党和国家高度重视大学生的政治教育，这就需要高校英语教师要有更加持久的职业动力，要对职业使命感有更为深刻的认知，对职业目标有更加明确的定位，对职业自豪感有更加丰富的体验，对职业情感有更为热情的积淀。

（四）增强个性化教学能力自觉

个性化教学能力是指教师能够在学习过程中基于学习者的个性差异，针对不同的天性禀赋和发展潜能来选取恰如其分的内容、策略、方法及评价等，使学习者能够依照自身特点获得充分而优质发展的教学能力。在课堂中，教师往往将更多的资源、物质向"优等生"倾斜，"优等生"看似能够最大化地利用资源得到高回报率，却是将不公平藏匿于看似合理的公平之中。新教育公平观强调教育过程中人人的发展，每个人都不掉队。教师要做的是能够对所有学生差别对待，对弱势群体能够补偿对待。要想让学生在接受差别对待的土壤中生发出来，教师的个性化教学能力则是充足的养分，而播撒这份养分的关键在于因材施教。因材施教的目的就是要使每一个学生都能接受良好的适合其发展的教育，从而使每一个学生都能够在自己的资质和才能的基础上实现自身潜能的最大化发展。随着社会的洪流向前涌动，当前技术的进步为人的解放和学校教育的变革提供了绝佳的契机，适合于每一个人的优质教育不再是乌托邦而是具有充分的可能性。换言之，利用好现有的教学技术或者是依托于教育技术的平台，都能够更好地帮助教师为学生定制个性化学习方案。当然，尽管技术可以帮助教师对教学有一个更加完整的理解，对教学内容能够更简易地呈现出来，对作业的布置能够更清晰明了，但是教师也依旧不能忘记教学中的"人"本身的建构。

（五）增强培养批判性思维自觉

批判性思维自20世纪以来成为欧美国家教育的关键教育目标之一，反映了西方知识论的理性精神，也体现了尊重人的道德传统。批判性思维从最初杜威倡导的"反思性思维"到后来哲学家保尔的"弱势批判思维"，无一不透露出对反思态度的认可程度。批判性思维是基于论据的逻辑，能够对情境的目标进行思考，并且能够以有意识和反思性的视角来审慎自身的思维过程。从现实、实用及公民生活所必需的角度来讲，批判性思维有着重要的价值。新教育公平观注重学生的全面发展，注重学生良好品格的养成，其最终的衡量标准是学生能否成为未来社会的建构者，因此，培育学生的批判性思维就成了学生发展过程中不可或缺的"催化剂"。在应试教学中，教师往往被定位为课程知识及体系的既定灌输者，用宝贵的课堂时间教授学生既定的学习内容，这样不足以让学生成长为合格的社会公民。面对新教育公平观的诉求，教师的素养理应发生转向。作为转化性知识分子的教师，他的职业角色已经远远超过知识传授者，而成为具备反思性、批判性与创造性的公民。作为一名合格的公民，作为一名称职的教育者，教师理应在批判性思维的指引下前行。因此教师开展批判性思维的条件首先要具备态度、性情、心灵习惯等人格特征，在思考问题与实践应用时，教师理应充斥着批判性、逻辑性及反省性，然后基于对事件理由的评价，从而形成批判的精神，也由此为学生进行自我反思、自我管理和批判能力的形成提供条件。如若教师自身无法具备批判性思维，就无法塑造学生的批判性能力，学生由批判性能力发展至创造性能力便无从谈起。

（六）增强主动学习和终身学习的自觉

当今时代正处于知识和信息大爆炸的时代，特别是互联网信息技术的飞速发展和新媒体工具的快速普及，让知识和信息的获取更加便捷，这无疑对教师的权威地位产生了冲击。高校英语教师要扮演好自身的职业角色，就要有更加主动的学习观念，既要主动地学习自身专业知识，还要主动学习学生所关心的生活、娱乐、情感等方面的知识，以便能够更好地融入学生，更好地应对工作中随时出现的新问题、新难题。新时代的高校英语教师要有强烈的主动学习意识和终身学习意识，本着会育人、育好人的原则，主动掌握科学的学习方法，不断丰富和完善自身的知识结构，用所学知识及时为学生释惑，增强职业自信，不断适应职业发展的新需要和新要求。

（七）增强专业素质能力的自觉

高校英语教育工作是一项对从业者综合素质能力要求非常高的职业，既要求教师具有广博的知识结构，还要求教师在日常的工作中具备相应的思想政治教育能力。新时代，教育对象对高校英语教师的职业期待更高，学生的强期待与英语教师的弱表现矛盾愈发凸显。学生对于英语教师的认可，更多的是通过专业化的素质能力快速地帮助学生解决日常学习生活中的实际困难而逐步积淀。素质能力不强容易导致学生对英语教师出现信任危机，进而诱发师生矛盾的产生和师生关系的冷淡。社会、高校、家庭和学生对高校英语教师的素质能力提出了更高的要求，高要求的核心点在于对职业的专业化能力，英语教师素质能力水平反映专业化程度，素质能力层次越高，专业化程度相应也就越高。新时代要求高校英语教师向专家化发展，要求其具备深厚、广博的理论水平和积累丰富、熟练老道的实践经验，要成为职业中某个领域的专家，并在对学生实际问题的解决中充分发挥专家的实际功效，最为关键的是要能够用专业的素质能力解决学生渴望解决的实际问题。

（八）增强健康身心素质的自觉

新时代给高校学生工作带来了诸多挑战，对高校英语教师的身心素质也带来了极大影响。一是要求高校英语教师要有更为健康的体魄。英语教学工作是脑力和体力劳动的结合，高强度、长时间、重压力的工作往往会导致英语教师的身体处于亚健康状态，致使英语教师无法将健康、阳光、自信的正能量有效传递给学生。二是要求高校英语教师要有高尚的情操。高校英语教师要有更为强烈的责任感、奉献意识、吃苦耐劳精神、爱岗敬业精神，要求英语教师在工作中自尊、自爱、自律、言行一致。三是要求英语教师要有成熟的心理素质。新时代高校学生工作的复杂性和严要求高于以往，这对高校英语教师的心理来讲是更为严峻的挑战，脆弱的心理素质难以适应新时代高校教学工作的新要求。四是要求高校英语教师要有良好的性格特质。稳定良好的性格特质是高校英语教师成熟的重要表现。新时代教育的根本任务是立德树人，这就意味着高校英语教师要将品德、道德、德行、美德放在首位，时刻注意自身的言行举止，要学会把控自己的脾气和情绪，将良好稳定成熟的性格特质及时展现给学生。

二、提升英语教师职业素养的重要性

（一）加快高等教育改革发展的迫切需要

高等教育自身的改革与发展对于我国推进教育强国战略有着极为重要的意义。全面提高高等教育质量，大力提升人才培养水平，是高等教育改革与发展的首要目标。提升高校英语教师的职业素养，一方面有助于高校高水平英语教师队伍建设，另一方面有助于提升高校人才培养的质量。高等教育发展的第一资源是教师，全面提升教师职业素养对大力提升人才培养水平有着决定的作用，也是高等教育发展的必由之路。正如清华大学前校长梅贻琦先生所言："所谓大学者，非谓有大楼之谓也，有大师之谓也"①。作为高校教师队伍的重要组成部分，高校英语教师素质能力的高低直接关系到整个教师队伍素质的强弱，也关系到高校人才培养的质量。当前，我国进入建设社会主义现代化强国的时代，需要大量的人才作为保障，高等学校为社会培养高素质人才的宗旨则需充分体现出来，以更好地推动人才兴国战略的实施。高素质人才除了要有较高的科学文化知识、扎实的技术基础和创新型思维，更为重要的是他们的政治素养和道德品质，是否能将自己的所学所会运用到社会主义现代化建设上来，对祖国发展做出贡献。提升高校英语教师的职业素养，其目的就是为了深化大学生的综合素质教育，促进大学生全面发展。素质教育的灵魂是思想政治教育，高校英语教师通过引导培养大学生形成正确的世界观、人生观与价值观，培养一批思想进步、有职业担当的具有较高政治素养和品德高尚的社会主义接班人，为祖国的繁荣发展源源不断地增添动力。党的十八大以来，党和国家对高校英语教师队伍建设的重视程度与日俱增，使得

---

① 1931年，梅贻琦在就职国立清华大学校长时的演讲。

高校英语教师队伍在人员配备数量、学历层次、知识结构等方面都有所提升。但是，高校英语教师队伍的整体职业素养与当前高等教育发展和人才培养的要求相比，还存在着一定的问题与差距。因此，提高高校英语教师的职业素养，其目的就是提升英语教师的师德、知识与能力，促进高校英语教师更好地开展大学思想政治教育和学科知识教育；提高高校英语教师的职业素养有利于加强整个高校教师队伍的职业素养，有利于提升整个高等教育的质量，推动高等教育的改革与发展。

（二）推进教师自身可持续性发展的需要

从高校英语教师自身发展的角度看，提升高校英语教师的职业素养有助于高校英语教师走可持续性发展道路，使高校英语教师在激烈的竞争中得以安身立命、实现自身价值。科技在进步，时代在发展，新时代对高校英语教师的工作提出了全新的要求。首先，在高校英语教师的角色定位上，逐渐由教学向教育转变；其次，在工作性质上，由学生的文化知识的传播者逐渐向学生全面发展的指导者和人生导师转变；最后，在工作内容上，由学科知识转向融思想教育、学习生活和成长成才等内容为一体的现代教育活动。因此，基于新时代的全新要求，提升高校英语教师的职业素养，可以加强英语教师的专业知识、自我管理能力和职业能力，提高工作效率和质量，从而进一步认清高校英语教师这个职业的价值与意义，有效地增强职业信念和职业认同感，更加主动地投入自身工作中，实现个人的价值。提升高校英语教师的职业素养，还可以使高校英语教师将理论应用于实践，在实践中对自身与工作产生新的认识，这种从认识到实践、从感性认识到理性认识的过程，可以使高校教师从普通理论工作者向专业化、职业化、专家化转变，使教师自身获得广大同学们的认可和尊重，有助于高校英语教师自身的可持续性发展。

（三）新时期培育时代新人的时代性需要

英语教师在高校顺利开展教学管理工作，完成育人目标，需要具备较高的职业素养，只有内心正确认识和认同自身职业，才能系统了解高校英语教师应承担的责任和具体工作要求，才能在日常教学、管理和科研工作中保持积极向上的心态，进而强化工作效率，真正为培育时代发展要求的人才做出贡献。一方面，较高水平的职业素养能提升高校英语教师的教学管理工作效率。具有了较高的职业素养，教师在开展各项工作时才能拥有平稳且淡定的心态，不仅能顺利有效地开展日常各类工作，在面临突发状况或棘手问题时，也能表现出不慌不躁的心态，及时找到有效的解决策略，确保各类问题的顺利解决，也能持续为学生创设适合学习生活的校园环境。另一方面，较高水平的职业素养能促进英语教师更好地完成培养时代新人的责任。在新时代背景下，社会对人才的需求已不仅仅关注学生的专业理论知识和实践技能，对学生的思想价值观、道德修养及心理状态也有一定要求，而作为与学生联系特别密切的教师，只有不断提升自身的职业素养，正确有效地认识时代新人的培育方向，并保证自身心理健康，才能在日常教学和管理工作中向学生传递积极向上的心态和健康自信的观念，发挥潜移默化的影响力，为学生成长为社会发展所需的时代新人奠定基础。

三、新时代英语教师职业素养的具体情况

（一）高校英语教师职业素养的良好表现

1. 高校英语教师道德品质高尚

高校英语教师作为教师，要做到为人师表，更应体现出厚德的要求，主要体现为道德品质高尚。道德品质高尚的核心聚焦点就是充满爱。爱是教育的起点，更是教育的原动力。广大高校英语教师将爱的点点滴滴播撒在育人过程中，使得大学生在英语教师爱的浸润下健康成长。高校英语教师的德在大德、公德和私德方面也表现得淋漓尽致。在大德方面，广大高校英语教师身为新时代的教育工作者，忠于党、忠于国家，理想信念坚定，都有较为浓郁的家国情怀，能够热爱祖国，胸怀家国，积极宣传和践行党的路线方针政策，不懈地为党育人，为国育才，确保培养出的大学生是为社会主义建设事业服务的；在公德方面，广大英语教师以身作则，积极组织学生参加社会实践活动，主动投身于志愿服务及公益活动，传播爱心，传播文明，弘扬社会正能量；在私德方面，广大英语教师以生为本，遵纪守法，注重言行举止，对待学生和蔼可亲，有良好的职业道德、家庭美德和个人美德，为广大学子树立了良好的榜样。

2. 高校英语教师知识丰富爱岗敬业

科学文化知识是教师所具备的知识结构的重要组成部分。领先的科学文化素质的主要内容是：坚定的马克思主义信仰，精湛的专业学科知识，先进的教育科学知识和基本的美育知识。领先的科学文化素质有利于培养出现代化的、高智能的学生，有利于提高专业教学效果，也有利于教师自身的提高。学生最难容忍教师不学无术、知识陈旧、误人子弟。教师应时刻思考一个问题，我们究竟为学生

做了什么，并以为学生带来了什么作为教育教学的出发点，始终把学生认可不认可，欢迎不欢迎作为自我思考和评价的基本标准。

同时，绝大多数英语教师都能够爱岗敬业，他们善于通过自己言行来激励学生，进而推动学生综合能力的提升；善于通过组织各种教学活动推动学生发展，并且很多英语教师在遇到压力时能够及时自我化解，在工作和生活中比较自律。大多数英语教师也都能够在学生成绩方面做到公平公正、清正廉洁，珍惜个人名誉，遵守职业准则，严守职业道德底线，不做违法乱纪之事。大多数英语教师也都能做到吃苦耐劳、勇于奉献、听从组织号召，服从组织安排。虽然各高校都有少许英语教师因各种原因离职或转岗，但是从整体上讲，大部分英语教师职业认同感较强，在工作中爱岗敬业树榜样，在学生工作岗位上为学生的成长成才及安全稳定保驾护航。

3. 高校英语教师关心关爱学生

大多数英语教师都能够做到以生为本，能够做到关心关爱学生，能够深入掌握学生的生活及学习状况，尤其当学生面临困难时，大部分英语教师都能够急学生之所急，第一时间出现帮助学生处理困难问题。当学生情绪出现较大波动时，英语教师会做学生的聆听者并积极对学生进行开导；当学生生病时，英语教师们也会尽自己所能帮助学生；等等。这些日常的困难解决，事情虽小、虽杂，但却是高校教师普遍关心关爱学生的现实表现。

4. 高校英语教师坚定乐观严谨

高校英语教师大多对职业形成了一定的职业认同，认为英语教师职业是值得全心全意去付出和奉献的高尚职业，也坚定了他们从业的信心。高校英语教学工作内容繁杂、费心耗力，各种突发性事件时有发生，这都对英语教师的身心素质产生了极大的挑战。大多数英语教师的身心素质都是比较顽强的，纵使有重重的困难，他们也都会努力想办法去克服，在他们身上更多展现出的是坚定和乐观，正是这份坚定和乐观给了学生极大的安慰和依靠。同时，英语教师日常工作事务千头万绪，每个英语教师都面对着几百名学生，有时真的会"一失足成千古恨"，所以，绝大多数英语教师在工作中都是严谨细致，一遍遍地核查，一次次地校对，这种严谨细致的工作作风是对学生成长成才的高度负责。

5. 高校英语教师思想政治素质优良

优良的思想政治素质是人们为实现本阶级根本利益而进行的各种精神活动和实践活动的特定品质。教师优良的思想政治品质的主要内容是有坚定的中国特色社会主义的共同理想和共产主义信念，以为培养德智体美劳全面发展的中国特色社会主义的合格建设者和接班人为己任，不断探索不同年龄段学生成长成才的规律。广大英语教师能够在教育教学过程中，尊重教育教学规律、尊重学生、尊重同行、协作同心，坚持教育向善；在教书育人、管理育人、服务育人、环境育人等方面，展开自我剖析，查找差距，不断追求进步；忠诚党的教育事业，坚持真理、修正错误，将思想政治素质摆在重要位置。同时，英语教师能够坚定"四个自信"、增强"四个意识"、做到"两个维护"。

6. 高校英语教师保持乐学态度

大多数英语教师都是善于学习的，都能够保持乐学的态度。作为高校英语教师，大多数都会意识到自己作为高校教师，应该比学生懂得更多、学的更多，只有这样才能更好地教育学生、帮助学生。高校英语教师的乐学主要体现在以下三个方面：一是对工作中所需专业知识的学习。他们基本上都能积极主动地通过培训、自学等方式实现持续学习。大多数英语教师也都很聪慧，通过不断的学习，逐步扎实自身的专业知识，对于职业的认知也逐渐全面和深刻。二是将理论学习和实践学习相结合。很多英语教师在日常工作中善于观察、善于反思，并结合自身的工作经验和发现的实际问题，通过课题申报和论文撰写的方式进行研究，进而更好地指导实际工作。三是还有一些英语教师积极地通过考取博士提升学历、参加比赛提升能力、锻炼挂职拓展阅历等方式进行学习。

7. 高校英语教师气质风度优雅

高校英语教师作为师者，需要在举手投足间体现为人师表。气质风度优雅可以使得英语教师的人格魅力提升，从而增进师生关系，更加有利于思想政治教育活动的开展。高校英语教师的气质风度优雅不仅体现在整洁的衣着和礼貌的行为举止等外在形象方面，更多的是体现在谦逊的态度、豁达的性格、办事公平公正民主、诚信友善、饱满的精神等内在的气质方面。在外在形象方面，大多数英语教师在日常都非常注意自身的穿着打扮，很少有浓妆艳抹、"流里流气"的情况，绝大多数都是中规中矩的职业装，给人以干净干练的感觉。英语教师的气质风度优雅更多的是体现在内在气质方面，它是高校英语教师良好的思想道德修养和健康心理素质的展现。很多英语教师在日常的人际交往中都表现得非常友善和蔼，对于师生的求助总是乐于帮助，对待学生公平公正，一视同仁。

（二）高校英语教师职业素养的不足

1. 职业道德水平有待提高

良好的道德素养是高校英语教师的基本职业操守，也是评价英语教师师德师风的重要因素。目前部分高校英语教师的职业道德水准有待进一步提升。首先，表现为爱岗敬业精神不强。爱岗敬业精神属于职业道德基本范畴，是支撑一个国家和民族生存发展的伟大财富。高校英语教师从事的许多日常工作是难以考评量化的，这样一来英语教师自身就必须对工作和学生怀有真正的情怀与热爱。当前部分英语教师爱岗敬业奉献精神不强，选择英语教师的岗位也仅仅是为了自身生活和生存。其次，部分英语教师作风不够严谨。少数英语教师存在在工作上心浮气躁、敷衍塞责，在生活上自律不严等问题，甚至还有个别英语教师在个人发展方面上拉关系、"走后门"，做出一些违背师德师风的行为。

2. 教学能力有待提升

教学能力是用以衡量一名高校英语教师是否称职的重要因素。在高校英语教师日常工作中，表达能力、沟通能力、管理能力和组织能力是其不可或缺的基本能力。目前高校英语教师总体教学能力现状比较乐观，但是有待进一步提升。部分英语教师认为还没有完全掌握英语教师的专业技能，在职业技能方面存在欠缺。部分高校英语教师面对新形势新问题，原有经验已不足以应对学生教学管理的新需要，自身的理论学习与实践缺乏深度和广度，缺少对英语教学工作的思考和总结，存在教学管理存在方法陈旧、手段单一，创新能力不足等问题。在实际工作中面对各种各样的突发状况，缺乏应急处置能力和组织协调能力，有时会表现得手足无措。

3. 专业知识结构不够合理

对大学生进行思想政治教育工作也是英语教师重要的工作职责，高校英语教师需要具有正确的思想政治思想和专业的英语学科知识储备。此外，教师的职业还要求其应具有心理学、管理学等与学生工作相关的学科背景和专业知识，这都是高校英语教师所需具备的基本知识结构。然而，现实情况是近些年各高校才逐步加深了对英语教师队伍建设的认识，建立要求相关专业背景的英语教师选聘标准，但从总体来看，英语教师队伍的知识结构依旧缺乏合理性。当前还有相当数量英语教师的学科背景和知识结构与思想政治教育工作应当具备的相关学科知识有一定差距。

4. 职业规划存在偏差

高校英语教师作为负责高校大学生英语教育工作的一线主力军，应有着清晰明确的职业意识。目前我国高校英语教师职业规划意识存在一定偏差。一是历史责任感和时代使命感不强。高校英语教师作为大学生成长成才的引路人，应具备时代感召力和号召力，应有较强的职业荣誉感。当前部分英语教师在工作中尚未明确自身角色定位和岗位职责，仅忙于课题研究、职称评定，忽略了为国家和社会培养接班人、为大学生成长成才提供帮助的重要责任和使命，导致部分英语教师缺少职业荣誉感且缺乏与时代同频共振的行动力，很少有教师因英语教师的身份感到自豪和骄傲，部分高校英语教师缺失责任感和使命感。二是职业价值取向趋利化。目前大多数高校英语教师比较看重工作环境、发展空间、福利待遇。这在一定程度上说明了部分高校英语教师在职业规划意识方面还存在偏差，对自身职业身份的认知不清，造成其履职不力、工作成就感低，不能很好地完成新时期党和国家赋予高校教师的责任与使命。

职业愿景是从事职业中组织成员对未来发展的远大理想和抱负。根据马斯洛的需要层次理论，成长需要是具有激励作用的较高的需要，包括开发自我表现潜力和自我实现的需要，也就是个人在事业、能力等方面有所成就和发展。目前多数英语教师有明确的发展目标并为之努力，但仍有少数英语教师职业发展规划不甚清晰，没有确定自己的发展方向；认为目前所做的工作过于烦琐，缺乏成就感，日后如果有更好的发展机会则会离开现有岗位。英语教师队伍中发展愿景不明确、甚至迷茫的情况屡见不鲜。目标规划不明确、职业愿景黯淡，在英语教师日常工作中，极易引起其焦躁不安的情绪，严重影响英语教师的工作效率，进而对工作产生不自觉的抵触心理，反之又影响其职业愿景的确立。

第二节　英语教师职业素养现状的原因

一、职业认知的影响

第一，经验积淀不足，缺乏洞察力。优秀的教师都是靠经验积累出来的，必须拥有精准把握学生实际需求的洞察力，而面对立德树人的高校教育新要求，虽然英语教师经历了岗前培训，但是工作经验却很难短时间内有效积累，以至于较多的英语教师缺乏足够的洞察力，对于一些隐藏的苗头无法及时察觉，对那些可能会发展为重大事件的征兆也无法及时捕捉，不能在问题初现端倪的时候予以提前处置，导致英语教师与大学生之间出现了代沟，防微杜渐在这些英语教师身上无法得到有效体现，学生的诉求往往在不经意间被忽略。经验丰富且有较强洞察力的英语教师善于从学生言谈举止中发现问题，并及时进行处置，将问题扼杀于摇篮。相反，如果问题已经暴发再被动处理，就容易错失最佳处理时间。高校教师教学工作时常面临各种突发事件，有半夜失踪的、有心理抑郁的、有陷入传销的、有被电信诈骗的、有发生严重交通事故的等等，在"三全育人"的形势下，当突发事件发生时要求英语教师能够妥善应对。然而，在实际工作过程中，一些英语教师抱着"产生这些问题的学生都是不正常的，我的学生都正常，不会发生突发事件"的侥幸思想，不去培养自己的危机处理能力。当真正面对重大突发事件时，由于专业知识素养不足而缺乏应急能力，有的英语教师不懂得如何向领导汇报、有的英语教师不知道处置流程、有的英语教师直接脑子一片空白等。

第二，认识能力不足，缺乏认知力。对于英语教师来说，认知力对工作的开展非常重要。但是，部分英语教师存在确认偏误的情况，他们乐于倾向寻找证据来支撑自己相信是对的事情，抵制不同的观点和看法。对于那些他们认为是对的事情往往是偏执的信任，而忽视事情的真相。古有"疑邻盗斧"，今有"我看不见就是没有"。他们会对一些事情特别敏感，领导指出自己的错误，他便认为是同事在排挤自己；学生给自己提出意见建议，他便认为学生不尊师重教，故意为难老师。他们完全没有意识到可能领导只是在陈述一个工作事实，学生可能只是单纯的提出一个疑问。部分英语教师眼里只有自己所思所想，带着情绪思考和看待问题，然后掉进认知的"陷阱"里。英语教师面对着特性各异的学生，而有的英语教师正是由于缺乏认知力，为了方便快捷，喜欢给学生"贴标签"。他们与学生接触时，时常通过第一印象给学生打分，然后就轻易地给学生下结论。在随后的师生交往中，这些英语教师会根据先前的"标签"，对不同的学生采取不同的对待方式：对于第一印象好的学生，会温柔以待，热心帮忙；而对于第一印象差的学生，不管这些学生所做的事情是否正确，在英语教师眼里，他们都是在制造麻烦。这些英语教师对学生完全没有一个正确的认识，丧失了作为教师所应该具备的正常的认知能力。

第三，自我认同不足，缺乏驱动力。现代素质教育中自我认同的起点是大家得到幸福感。英语教师的自我认同是思想政治教育工作取得效果的必要条件，同时也是内心对职业的认同与肯定，从而感受幸福和乐趣。面对迅速变化的世界格局、社会的整体转型及大学生的社会化，部分英语教师无法明确建立自己的职业身份而产生怀疑和焦虑。他们无法准确确认自身的职业身份，无法正确识别自己，以至于职业目标模糊，工作动力匮乏，最终导致英语教师的自我认同感无法建立，也就是"本体安全性"受到挑战，自我认同被打破。一些英语教师对其工作内容感到迷茫和困惑，并且倾向于在职业中自我怀疑、自我否定，将目前职业作为过渡性工作，有机会随时准备转岗，打心底对该职业进行了否定。在这种心理状态下，高校英语教师的工作往往出现拖沓、应付、效率低的情况。自我认同感的降低也会影响英语教师的职业自信，限制英语教师的思维发散，降低社会适应感。

二、社会环境的影响

人的行为与社会环境相互依存，任何事物的发展都离不开它所处的社会和时代大背景，高校英语教师职业素养状况同样离不开社会环境的影响。

第一，市场经济对高校英语教师职业素养提升的冲击。市场经济发展潜移默化地影响着每一个社会成员的观念和行为。市场经济注重竞争性、个体性和自主性，容易对人产生个人主义倾向和急功近利的消极影响。特别是现阶段社会经济飞速发展、生活质量和水平不断提高，更容易使人们过度追求物质财富，导致人们变得忙碌而又冷漠，社会道德、个人品德出现一定程度的缺失。一方面，高校英语教师作为社会一员，思想观念、价值取向等必然会受到社会环境的影响，导致部分高校英语教师的职业意识出现偏差、职业愿景不明确，爱岗敬业等职业道德精神不强。另一方面，大学生的思想、个性和行为等方面也会被深深地打上时代的烙印，他们在学习世界先进文化的同时，也容易受到腐朽思想和不良生活方式的影响，产生个人主义、享乐主义、自由主义等不良倾向，给高校英语教师的工作带来极大的挑战性。而高校英语教师还担负着对大学生进行思想、行为等方面教育和引导的重任，党和国家、社会和学校等都对其赋予了较高的期望，英语教师自身能力有限，则会导致部分英语教师职业素养与社会期望的差距。

第二，互联网发展的不良影响。随着新媒体、自媒体的不断发展，给高校英语教师工作带来新手段和新技术的同时，也为英语教师工作带来了一系列的挑战。网络是一个开放、共享的大平台，大学生不仅是网络信息的使用者也是网络信息的提供者。一方面，是面对网络时代信息爆炸的冲击，部分辨别能力不强的大学生会被拜金主义、个人主义等不良思想所影响，无疑对大学生正确意识形态的形成产生巨大的威胁。另一方面，是社会舆情传播的不良影响。互联网传播速度快、范围广，少数高校学生心理、安全等问题一出现，经过网络的发酵，一时间高校就较难控制舆论的传播，多数网民会将责任归结于高校教育管理者。作为负责管理学生的高校教师往往被指责职业素养存在缺陷，立德树人根本任务落实不到位。虽是极少数的个别案例，但经媒体的渲染，强大的社会舆论压力往往造成教师压力和失落感，自然就影响了其职业愿景的确定性。

三、职业情感的影响

第一,重管理轻服务,缺乏亲和力。高校英语教师肩负知识传授与思想培养的职责,知识传授是显性教育的方式,思想培养是隐性教育的方式。为了使大学生的学习、工作和生活规范有序,一定程度的显性和隐性教育是非常必要的,但是一些英语教师把显性教育扩大了,而把隐性教育的职责进行了弱化。教育者传递知识和思想,从本质上讲就是爱的体现。身为一名英语教师,对待学生要做到善爱而不偏爱,严爱而不宠爱,恒爱而不阵爱。爱的首要表现就是充满亲和,即英语教师要在教学中体现亲和力。然而,部分英语教师在面对学生时,重管理轻服务,在工作态度上存在不够温和的情况,对部分学生缺乏耐心和爱心,过于严厉刻薄,缺乏亲和力。这些英语教师往往习惯于用教师的权威让学生服从,这样只会导致学生内心的抵触和抗拒。知识和思想往往是相伴而生的,传递知识的最高境界便是传递思想,知识的直接目的是提升思想。

第二,重知识轻教育,缺乏引导力。教师身为大学生思想的引路人与教育者,更多的是对学生起到思想教育的作用,但是部分英语教师意识不到传递知识只是教育的手段,意识不到教育的终极目的是提升学生的思想境界,在日常教学中过分注重知识,忽视思想,认为只要把学生知识分数提高了就行。其实,这是典型的不负责任行为。英语教师还有一项重要的职责是通过知识对学生进行价值引领,而价值教育则体现在英语教师工作的方方面面。一些英语教师为了尽快做出工作业绩,只重视学生英语知识水平的提高,忽视对学生思想价值观的引领。学生只是迫于学校毕业成绩的压迫而进行应付式的被动学习,并未从思想进步的角度进行主动地学习,以至于一些学生将"青年大学习"当成了负担,既浪费了时间又没有达到教育的效果,还在一定程度上加剧了师生矛盾。

第三,重规约轻理解,缺乏共情力。部分英语教师在重规约轻理解的情况,处理学生事务习惯于"一刀切",不会对学生的诉求进行具体分析,缺乏在理解基础上的情感共鸣,往往容易导致学生情感受挫。理解是达成意见一致的基础,理解更容易使教师走进学生的内心,具备共情力的英语教师更容易让学生靠近,也更具人格魅力。规约应该是人性化的,应是富有人情味的,缺乏理解的规约只会让学生对英语教师敬而远之,让学生对教师从内心产生抵触,难以达到育人的效果。

第四,重结果轻过程,缺乏责任力。大部分英语教师的责任心都比较强,其工作效果也都能被学生所认可。在对其进行肯定的同时也要看到部分英语教师责任意识弱化的现象。责任意识弱化的教师主要有两类：一类为"混日子"派。在工作上不积极上进，不负责任，对当前工作不够重视，认为工作只是谋生的工具，工作任务完成即可，至于完成的效果如何不予关心。二类为"呆傻"派，工作积极，但是不讲究方式方法，用陈旧、单一的工作方式处理问题，不会创新，缺乏沟通交流，工作效率低且容易出现错误。当下大学生教育工作有较强的时代感且变化快，这就要求高校英语教师必须具有很高的使命感和责任感，但就目前看来，有些英语教师缺乏责任意识，工作积极性不高，敬业和奉献精神薄弱，吃苦耐劳和坚持不懈的精神还远远不够，缺乏与学生的有效沟通交流，对学生的基本情况不甚了解，疲于应付领导布置的工作任务，他们关心的是任务是否完成，而对于任务的落实效果如何则鲜有关注。

四、规章制度的影响

规章制度是保证高校教育教学、学生日常管理工作有效开展的前提，同时也是高校英语教师职业发展的基本保障。近年来，党和国家高度重视高校的思想政治工作，相继出台了许多文件，但究其现实状况，当前关于高校英语教师的相关制度还有待进一步完善，这也是影响英语教师职业素养的重要原因。

第一，监管制度的缺失。党的十八大以来，中共中央、国务院、教育部针对高校英语教师队伍建设的力度空前加大，制定了各项政策和制度，但在具体政策落地实施的过程中，仍有部分地区缺乏重视，直接导致高校英语教师队伍各项管理机制的不健全。部分地区和高校在选聘英语教师时标准不明，致使少数政治觉悟不强、思想道德修养不够的人员进入高校英语教师队伍，从而影响高校英语教师队伍整体的职业素养。

第二，高校选聘制度有待健全。部分高校招聘到的英语教师职业素养良莠不齐，质量难以保障。一些高校英语教师队伍的政治素养不高，影响了高校英语教师的职业知识结构。

第三，高校英语教师工作评价制度不够健全。不固定的工作时间、繁重的工作任务、不全面的考评办法，致使部分英语教师压力较大，在具体工作中出现定位不明、职责不清、专职不专等问题，更造成部分英语教师职业愿景不明确、职业发展动力不足、专业素养成长阻碍重重，也会使部分英语教师担忧自身职业前景及未来的职业出路，不断寻觅更佳的晋升出路和就业机会，出现了"身在曹营，心在汉"的现象。同时，大多数高校对英语教师主要以业绩为导向的评定标准，客观上也在英语教师群体中助长了"只重结果、不顾其他"的不良风气，使得部分英语教师一味迎合评价规则，以评价规则为行事依据，重业绩轻能力的态度在一定程度上阻碍了英语教师队伍职业能力与素养的提升。全面客观地对高校英语教师工作评价，不单单要考查工作业绩、成效，还应当包括思想道德素质、工作态度、工作难度、业务能力等多方面内容。除了考查高校英语教师职责履行情况，还应当从其具备的职业素养、满足职业的期待等多维度进行考察。

五、职业意志的影响

第一，对待困难逃避消极。高校英语教师连续而庞杂的工作容易让人产生挫败感和疲倦感，在工作过程中负能量情绪较重，表现出比较悲观、消极厌倦的态度。一些英语教师在办公室或私人场合，习惯抱怨工作任务重，对事务性工作感到厌烦，甚至形成了不断否定的思维方式。长此以往，个人很难因为工作而感到兴奋和愉悦，导致成就感不高，情绪低落，职业幸福感下降，满意度降低，同时表现为迟到早退，工作涣散，精神不振，没有多余精力去主动提升自己。教师在工作中遇到困难是很正常的事情，部分英语教师工作时间短、经验不足、专业技能不够等问题导致胜任能力存在短板，对于比较难处理的事情，存在一定的畏难情绪，总想着如何逃避问题，解决矛盾问题的决心不够坚决；部分英语教师依仗自身工作时间长、经验丰富、资历深，在工作过程中习惯性地把任务分配给年轻的教师，自己则当起了"甩手掌柜"，而"甩手掌柜"恰恰是消极逃避的表现。

第二，身心健康欠佳。当今时代教育事业发展快、社会急剧转型，生源背景越来越复杂，大学生心理健康问题日益成为需要高度关注的重点问题。相应地，促进大学生身心健康发展也成为当今高校教育的重点工作任务。然而现实情况是，目前一些英语教师自身的身心健康状况都欠佳，精力不足，无法为大学生提供优质的心理健康教育服务。在多种影响因素的综合作用下，英语教师在育人过程中也承受着一些心理压力。英语教师一旦在工作中压力过大，将会对自身的身体状况和精神面貌产生不利影响，会导致弥散性疲劳的发生。当人处于亚健康状况时，会经常容易感到疲倦、心情沮丧、注意力难以集中、工作效率低下、易失眠且食欲不佳，进而诱发负面情绪和失落感，如果任其发展，工作质量和生活质量就会严重受损。高校英语教师身心状况欠佳主要有以下几方面表现：职业竞争压力过大而带来的烦躁不安；人际交往复杂带来的焦虑与抑郁；社会快速发展带来的情绪紧张；"爆炸"式信息带来的迷茫与无力；随时可能发生的学生突发事件所带来的紧张感；繁杂的日常事务带来的压迫感；付出与回报不成正比带来的失落感；工作前的优秀与工作后的平庸带来的落差感；职业边界模糊带来的迷茫感；高强度工作和时常熬夜带来的疾病。这些问题的存在让许多英语教师的身心时常处于亚健康状态，甚至有的英语教师自我调整能力较弱以至于出现神经衰弱、严重抑郁等心理问题。身心健康欠佳使得英语教师在与学生沟通交流中过于情绪化，缺乏自制力，对学生爱答不理，态度消极的现象。

第三，自我反省不足。作为高校英语教师，在提升基本工作素质之余，也要花时间反省不足，在不断地反省中查漏补缺，稳步提升。不具备自我反省能力的英语教师很难适应教育发展改革的要求。自我反省是提升职业素质能力的重要法宝，是快速成长进步的重要手段。一些英语教师往往出现自我反省不足的问题：一是不愿自我反省。这类不愿自我反省的英语教师表面上表现为懒，时常以工作忙、工作累为借口刻意地拒绝自我反省，实际上是职业目标模糊，缺乏准确的职业定位。二是不敢自我反省。一些英语教师不愿直面自身在工作中存在的问题和不足，很多情况下这些英语教师心里知道自身存在的问题和不足，但是拒绝改变，拒绝承认，往往选择性忽略，毕竟改变的成本要远远高于安于现状。三是不会自我反省。一些英语教师由于工作经验不足，尚不能意识到自身存在的问题，在自我反省中无法准确发现问题；还有的英语教师没有掌握自我反省的方式方法，时常囿于一些困惑而无法自拔。

六、高校培养机制的影响

党的十八大以来，中央明确要求各级党委和政府要重视高校教师队伍建设，但依然还有部分高校对英语教师职业素养培养重视不够，主要体现在教师发展保障机制的不健全。

第一，培养机制不健全。目前，各高校均在积极加大英语教师队伍的培训力度，但在个别高校中仍然存在培训经费投入不足、培训时间不多、培训不定期等问题，反映出部分高校缺少从学校宏观层面对英语教师队伍进行科学规划与管理的问题，完整的教师培训机制还没有形成。还有各地教育部门组织培训中，给高校分配的培训名额较少，存在"重重点院校，轻一般院校"的现象，使得水平相对较低的地方院校，在促进教师成长与发展的资源与平台相对匮乏。英语教师缺少校外交流、学习、培训等的机会，使得视野、思路不够开阔，限制了英语教师职业素养的提升，导致创新能力和工作水平的不足。

第二，评价考核机制不健全。有的高校建立了考核体系但缺乏科学性，有的高校甚至没有建立单独的英语教师的考核体系，这就导致在高校英语教师评价考核方面，不同高校的考核方式与方法差异悬殊，且从实施情况来看并未取得理想的效果。评价考核机制不健全制约了英语教师职业素养的提升。

第三，保障体制不健全。是否具有完善的教师保障制度，是影响教师整体队伍发展和稳定的重要因素，也是影响教师的职业素养提升的重要原因。目前，高校英语教师队伍职业化、专业化建设已经形成共识，但在具体实施过程中普遍缺乏相应的保障机制。在部分高校依然存在英语教师职业发展路径不畅、缺少科学合理的晋升空间、工作强度大薪资待遇偏低、国家相关的福利待遇政策没有很好地落到实处等问题。这些保障机制的缺乏，是英语教师在某种程度上产生定位不明、职业愿景不清、工作动力缺失、影响教师职业素质提高等问题的主要原因。如果高校不从根本上打破这些困境，英语教师的工作质量和效果也只能停留在现有的水平上，职业素养的提升是无法实现的。

七、职业理想的影响

第一，理想信念引领力薄弱。理想信念引领力薄弱，是高校英语教师对岗位职责认知不清、职业价值领悟不够和职业理想淡漠的客观表现。高校英语教师有较高的素质要求，不但需要扎实的学科知识，还需要其具备过硬的思想政治素质，需要密切关注国际国内形势，仔细学习国家最新的大政方针政策，对中国特色社会主义事业的丰富成果做好生动诠释，对于理论的学习保持良好的态度，增强政治的敏锐度和时事的鉴别力。但实际情况是，一些英语教师身上往往存在理想信念引领力薄弱的问题，主要体现在如下方面：一是自身缺乏对理论知识的深入学习，导致领悟不够。一些英语教师时常以工作忙为由拒绝主动学习，一些英语教师认为理论学习过于虚空而对理论学习应付了事。二是自身缺乏好的教学方法，往往照本宣科。理想信念若要深入人心，就必须结合学生实际，教学过程中要做到方式新颖、语言通俗易懂，但是一些英语教师理论素养不够、理论认知不深、教学经验欠缺等时常在教学中过程中照本宣科，致使教学中没有体现理想信念教育。三是言行不一。有的英语教师嘴上说一套，行动展示又一套。在进行理论教学时按章办事，但是私下却在不同的场合发表不适宜或者不当的言论，对其本人职业人格形象和整个教师队伍的职业人格形象都造成了不良影响。

第二，职业发展目标模糊。独特的职业魅力让越来越多的人才加入高校教师队伍并将此作为职业目标为之奋斗终生。但在实际工作过程中，少数英语教师对自身职业发展规划模糊，发展定位不清，不能够明晰未来的职业发展方向，更乐于"做一天和尚撞一天钟"。自身职业发展规划不清晰让少数英语教师把工作仅仅视为养家糊口的手段，丧失了职业发展动力，甘于平庸，既不主动提升自身的职业素质能力，也不在乎职务晋升和职称晋升，浑浑噩噩度日，使得职业人格状况急剧直下。

第三，师德师风失范。长期以来，党和国家高度重视师德师风建设。高校教师作为塑造大学生人格的重要力量，服务对象是处于身体和思想双向成长阶段的大学生。当前高校教师的师德师风状况总体是良好的，同时也存在一些不可忽视且急需解决的情况，少数职业操守差的英语教师，缺乏应有的师德师风，让教师的职业人格形象大打折扣，影响极其恶劣。师德师风失范主要表现在以下方面：以权谋私、作风不正、无视纪律、为师不廉、以职谋利。作为高校教师，理应以身示范，为大学生创造良好的成长环境。但部分英语教师利用职务之便，无视国家法律法规，既损害了学生权益，又影响了教师队伍的良好职业人格形象，对高校教育工作造成较深的负面影响。

八、自我教育观念的影响

制约英语教师职业素养提升的因素主要有国家、高校、个人等层面，其中最主要的是教师个人层面自我教育不足。

第一，自我教育的主观意识不强。高校英语教师缺乏自我学习、自我教育的主动性，主要有两方面的原因：首先，高校学生没有升学压力，日常工作考核缺少具体量化指标，缺乏展现活力的竞争机制，英语教师在相对稳定的环境下工作，自我学习提升的意志薄弱，难以长期坚持自我学习。其次，部分高校英语教师毕业后选择教师这一职业，是为了能够进入高校，当有合适的条件和机会晋升时，英语教师这一职位就要被"抛弃"。因此，英语教师工作职业素养没有经过长远的职业生涯规划得到提升，个人的职业潜力和热情就不能完全发挥出来，职业素养不足也就凸显出来。还有部分年纪大的英语教师觉得职业发展渺茫、职业愿景暗淡，不愿再浪费功夫提升自己，这同样影响职业素养的提升。

第二，自我教育时间不足。随着国家对高校教育的重视越来越高，高校教师队伍人员配备有了明显改善。但部分高校仍然存在着专职英语教师编制数量不足问题，使得教师承担学生教育培养工作远超规定的工作量和工作范围。较大的工作量，导致多数英语教师难以在工作时间完成所有的工作，自我学习时间必然难以保证，职业素养的提升受到限制。

九、职业能力的影响

第一，创新能力匮乏。创新是时代的需要，创新能力则是高校英语教师提高业务水准的不竭动力。高校英语教师应当是将学生培养成有创新思维及能力的融合性尖端人才。在实际工作中，一些高校英语教师常迫于各种压力而去培养自身的创新能力，没有将创新要求真正内化为内心的自主追求；一些英语教师将工作繁忙和不作为当作忽视创新能力培养的借口，自我创新能力培养意识薄弱。同时，大多数英语教师都是毕业后直接进入工作岗位，在面对众多学生时，缺乏创新工作经历或创新实践经验，更多的是浅尝辄止，不能及时掌握学生的成长规律和思想政治工作规律，无法深入挖掘工作中的创新点。随着高校英语教师的年轻化趋势和当代大学生的个性化趋势愈发明显，高校英语教师原有的素质能力在时代的奋进中有所滞后，他们的工作激情在事务性工作的激烈消耗中逐渐消散，在与学生的日常沟通交流和处理各项工作中创新性不足的问题日趋凸显，已无法满足大学生成长发展的时代需求，在一定程度上影响着英语教师职业素养的展现。

第二，授课水平有限。较多英语教师在日常工作中普遍存在授课水平有限的问题。一方面，主要表现在英语教师的授课手段过于传统，授课经验明显不足。高校英语教师在授课时，时常是照本宣科，在授课技能研究上投入的精力较少，出现授课质量不高、手段传统落后等问题。另一方面，高校英语教师的理论和实践水平相对较低。绝大多数英语教师虽然都有研究生及以上学历，但普遍存在自身知识面相对狭窄单一的问题，在应对学生价值观发展、心理需求等方面的表现略显不足。课堂上虽然有明确的教学目标，但缺少深入地研究、透彻地分析和有效地引导，易出现授课内容不够丰富且深度不够的问题。

第三，"课程思政"教育能力短缺。当代大学生对网络的依赖程度越来越高，他们的主要生活方式也逐渐呈现出数字化与虚拟化的趋势。迅速发展的网络时代为高校思想政治教育工作开拓了更为广阔的空间，提供了更为便利的手段，但较多英语教师在"课程思政"方面仍有诸多不足。首先，部分高校英语教师的"课程思政"意识淡薄，对网络舆情引导不足。大学生思想和心理在网络环境下出现新变化，爱国热情空前高涨，但又容易被负面的网络舆情所误导，容易产生对社会热点事件和政治事件的偏颇看法，部分学生只是看到表象而不明真相，借着爱国的名义在网络上发表不当言论。一些英语教师面对这种情况无从下手，不能及时准确掌握网络舆论的主导权。同时，在负面网络舆情事件发生时，有些高校英语教师不懂得与学生深入沟通，没有充分发挥好网络平台在思想政治教育中的重要作用。其次，高校英语教师话语的使用能力不足，与大学生沟通存在隔阂。一方面是一些高校英语教师在交流中说话比较老套，时常出现说话带有命令性、态度强硬等情况，容易引起学生的不满，致使课程思政越发难以开展。另一方面是一些高校英语教师对学生乐于使用的高频"网络流行语""网络热词新词""表情包"等不甚了解，以至于在和学生聊天时因不懂学生使用的网络语言而一度尴尬。最后，高校英语教师的信息优势弱化，网络辨析能力较差。高校英语教师在网络信息繁杂、混乱的数字环境中，无法自觉主动地进行准确把握，尤其是对一些网络负面信息存在工作效率低下、感知滞后等问题。对部分学生平时在个人网络平台上发布的信息和言论，未能做出正确的分析和研判，也不能及时有效地在"课程思政"开展过程中激浊扬清。

第五章 英语教师的职业素养提升策略

本章为英语教师的职业素养提升策略，通过不同的方面对英语教师职业素养的提升提出不同的方法，共分为三节：第一节为社会方面，第二节为学校方面，第三节为教师方面。

第一节 社会方面

一、营造良好社会环境

（一）营造积极正向的舆论环境

社会舆论环境可以改变大众对待事情的认知，高校英语教师职业素养也与社会舆论环境有着密不可分的联系。因此，提升高校英语教师的职业素养需要党和国家对社会舆论环境积极正向的指引。

一是明确高校英语教师的岗位职责。就目前而言，大多数人对于英语教师岗位职责认识不清，一方面，对英语教师工作过于期待，对高校英语教师提出了诸多要求，而有些要求又往往不在英语教师职责范围内，另一方面，对英语教师岗位职责认识有偏差，认为学生的英语知识要完全依靠英语教师，只要学生英语学习方面出现问题，人们首先想到的负责人即为学生的英语教师，而学生同样存在这种思想。对于此类现象，国家和学校应该加大宣传力度，通过多种方式向人们宣传英语教师的真正职能和职责，让人们对于英语教师职业有更加清晰的认知，从而减轻英语教师的职业压力。可以通过媒体等宣传，厘清高校英语教师的首要工作是为学生提供科学的英语学习方法，其次是提升学生的思想政治觉悟，为提升高校英语教师职业素养营造积极正向的舆论环境。

二是多渠道、多平台宣传弘扬高校英语教师的先进事迹。社会舆论能够对人们产生潜移默化的影响，对高校英语教师的先进事迹通过多渠道、多平台进行宣传推广，树立榜样，使社会正能量不断聚集和扩散，让社会群众对高校英语教师的工作、职责及个人形象有更加深刻地认识和更加直观地了解，从而在社会群众中树立正面形象，让更多的人认可高校英语教师的工作，并为其打下良好工作环境基础，激发英语教师的社会责任感和使命感，激发高校英语教师的工作热情，使其能以更加积极的态度努力工作。

（二）营造风清气正的网络环境

近年来，我国科技水平得到了显著的提升，互联网新媒体等在大学生中被广泛使用。互联网新媒体所涉及的信息内容丰富，信息传播的速度更快，方式更加便捷，但也存在大量不良信息，对大学生的世界观、人生观、价值观产生不良的影响。解决高校英语教师职业素养存在的问题，离不开积极向上、风清气正的网络大环境。

一是加大互联网监管，营造健康的网络环境。互联网环境晴朗、健康、向上，也能够使网络舆论环境更加积极、和谐，保证大学生在互联网中畅游时不会受到有害信息的影响。相关职能部门要加大网络监管力度，在源头上把好关，积极引导公众谨记"网络并非法外之地"，每个人都应该对自身言论负责，在发表言论前应该三思而后行。在对网络信息监管中，对网络中有损师生关系的虚假消息应该及时制止，遏制虚假信息传播，减少网络舆论对英语教师工作的负面影响，降低英语教师的心理压力。

二是帮助高校抢占互联网思想教育的阵地。在互联网平台上多宣传正向的高校校园文化、师生先进事迹等内容。加强网络文化环境建设，促进健康的社会风气的建立，能够为高校英语教师与学生和谐关系的维系给予外部环境的支持。在高校英语教师的工作中，如果善于运用互联网平台，既可以关注到影响学生思想变化的网络信息，把握学生思想动态，也可以在其中发现当下的热点内容，积极与学生沟通，增强英语教育和思想政治教育的时代感，更有利于学生出现问题或提出问题时能够在第一时间帮助其解决问题。

（三）平衡高校英语教师比对心理

高校内外教育资源的差异化和不平衡发展是当前高校英语教师职业素养养成的重要矛盾。这个矛盾是国家、社会、经济、政治、文化等综合因素积淀作用的结果，必须清醒地认识到该矛盾不是短时间就能解决的，解决该矛盾的关键还在于社会生产力和生产关系的和谐发展。为此，高校英语教师对国内外教育资源、教育环境的差异诉求是客观且长期存在的。解决高校英语教师比对差异心理，防止英语教师职业素养异化主要从以下几方面入手。

第一，加快建设脚步，缩小差距。国家要加大对教育事业、人才强国战略的政策支持力度，提升社会崇尚科学、尊师重道等社会主义核心价值观主流社会风气。一方面，对高校英语教师关心的焦点问题、敏感问题、棘手问题逐一逐步解决、边建设边发展，要解决思想问题更要解决实际问题；在对高校英语教师素养养成中遇到的简单问题、细小问题上解决动作要快。另一方面，国家要多途径全方位加强对高校英语教师职业素养的建设。

第二，加强职业建设，完善体系。一是保障好晋升关，要完善和独立高校英语教师职级、职称晋升，更要用好职业晋升体系，来塑造国家需要、社会需要、高校需要的教师职业素养体系，发挥正导向性作用，可以用科研标准考核，也可以用常规工作考核，还可以用群众意见等多元判定，只有树立积极向上的价值导向才能鞭策高校英语教师素养更全面的发展，给高校英语教师净化心灵、人格培育缔造良好的政治生态环境。二是要完善退出机制。对存在师德师风问题、长期"浑水摸鱼"的英语教师要进行职业督导、能力提升、责令退出，不能因为个别现象、少数问题影响到整体观、全局观，要及时纠正队伍中的消极思想，对问题严重的高校英语教师要进行转岗流动，要确保高校英语教师队伍整体的活力度、积极性，营造利于英语教师职业素养养成的大氛围。

（四）强化社会外部环境支持

当今社会各界对教育关注甚多，而教师作为教育者，承载着教书育人的重任，因此社会各界对教师这一角色要求甚高。各个社会群体都期望教师在拥有专业教学能力的同时还能够拥有良好的性格、高尚的人格和认真负责的工作态度，学生家长更希望教师能够关注到学生的方方面面。在早期，我们对教师的定义大都是：辛勤的园丁、无私的蜡烛等。然而我们需要注意的是，教师是一个独立的个体，他们不仅仅是教师，也是父母、是孩子，他们的生命价值不可忽视。因此，社会各界应该理性看待教师角色，不能对教师过于苛责，在教师保持自身职业操守和职业忠诚的同时，应当结合教师具体情况理性看待教师的行为。从而促进教师这一角色的自我完善，使得教师和学生共同全面发展。

高校英语教师不是独立存在的，其职业素养的健康发展离不开社会环境的支持，只有从政府、社会及家长等多方面建立起对高校英语教师工作的理解和支持，英语教师才能将外部环境中的期望和压力转化为工作动力，正视自身的工作和职业发展，在有效的自我调节中认同自己的职业，并将强大的职业认同感落实到具体工作中。首先，政府应持续明确对高校英语教师培养、招聘及职业发展的规定，建立和完善国家层面的高校英语教师职业资格体系，为高校招聘英语教师、英语教师职业发展提供良好的政策支持和指导，从而引导英语教师从内心深化对自身职业的正确认知，明确职业发展方向，助力高校英语教师养成健康的职业心理素质。其次，要在全社会营造良好的环境，支持高校英语教师的工作，加强社会对高校英语教师日常工作和职业发展的理解，减轻英语教师工作面临的社会压力。为此，社会应加强对高校英语教师工作重要性的宣传力度，通过优秀英语教师工作事迹的榜样传播等多种多样的形式促进全社会对高校英语教师工作的了解和认可，既强调英语教师工作在高校教育中的重要性，也明确英语教师对大学生健康成长、努力学习研究的指引力，进而提升英语教师群体的社会地位。最后，家长也应在密切与高校联系的基础上，充分认识到英语教师在学生学习生活中的重要地位，深化与英语教师的交流，为英语教师开展工作提供良好的家校环境。在家长与英语教师深入交流过程中，高校英语教师可向家长传递学生在校学习期间的成果和遇到的问题，在双方协商中得出促进学生健康成长、努力学习的途径和方法。如此，高校英语教师在工作中便可有了更多的方法遵循，相关工作也能得到家长的支持和认可，工作压力也会得到缓解，从而提升工作效率、提高工作效果。

二、健全教师职业相关制度

（一）健全规章制度落实的监管制度

党和国家针对高校英语建设问题提出了多项规章制度等政策性支持，具体落实情况需要有关部门的有效监督管理。目前国家的监管制度还有待进一步完善。

一是多层次联合的监管部门有待建立。党和国家相关规章制度是利用其宏观调控职能，为推进教师队伍专业化职业化发展进程制定的，是从顶层设计角度对教师队伍建设有关内容进行了规定，为高校英语教师职业素养的提升提供了基本遵循。地方相关职能部门、各高校是否据此制定了具体细则，政府相关部门的监督管理是不可或缺的部分。我国现有的监管部门为教育部，其职责为制定教育事业发展的策略、教育采用的方式等内容，对高校相关制度落实情况的监督与管理，所发挥的作用还不足。为了适应社会发展的需要，更好地促进我国英语教师职业发展，教育部门更好发挥其作用的同时，要积极探索与其他部门展开合作、共同治理的模式，或者成立专业的英语教师队伍建设监督管理部门。他国成功的案例为我们提供了借鉴，如美国为了对高校进行有效监督管理成立了多种类型的专业协会，并且协会之间相互联系，协会凭借自身的专业性和权威性进一步了解管理者的工作内容、工作态度、个人能力、所获成就等问题，帮助高校进行学生事务管理，有一定的成效。

二是规章制度的宣传监管机制有待健全。制度是否被切实贯彻落实，与是否深入人心有关。因此完善的监管制度，还应包括对规章制度宣传情况的监管。从目前国家相关制度贯彻落实的情况看，宣传还有待进一步加强。可以说，导致高校管理者与英语教师的观念存在着偏差进而影响高校英语教师职业认知的原因，有很大一部分是国家政策宣传不到位。因此，国家对规章制度的宣传情况必须进行有效监管。一般而言，我国政策制度的宣传基本采用文件下发的形式，在实践过程中容易因理解不深、不透导致重视不够，落实有偏差。因此，有待制定完善的制度，采用新型的宣传策略。比如，制度以文件下发后，可以采用组织会议报告的形式进行讲解和宣传，讲解和宣传选择主要"负责人"，由该"负责人"再选择"具体的负责人"层层向下传达。这种等级宣传管理制度能够有效地提高信息的传递速度，并且保证使宣传效果达到最大化。党和国家出台的教师职业相关制度，可以同样按照地域等级由"负责人"——进行传递，"负责人"不仅要将文件传达给各个地区、各个高校，同时要对其进行一对一的指导，保证每个地区的相关部门、高校的领导、教师均能够透彻的熟知国家政策，从而清晰地认识自身的工作任务，了解自身的责任和义务，明确自身的定位，促进英语教师职业素养的提升，工作有效开展。

（二）健全英语教师的选聘制度

关于高校英语教师的选聘应在公开、公平和公正的基础上，坚持高标准、严要求。职业准入制度在人员选聘制度中处于第一位。通常专业化、职业化的十分重要的一个特征就是要有严格准入制度，比如律师、医生、教师等职业，要求律师要有律师资格证、医生要有医师资格证、教师要有教师资格证。所以加强英语教师专业化、职业化建设，国家建立高校英语教师严格的准入制度是完善英语教师选聘制度的必然。国家健全英语教师选聘制度，可以就职业准入进行规定，对英语教师的职业素养进行合理科学的判断，从而决定该教师是否具备入职的条件，这样选聘更有具体的操作性，进而推进英语教师专业化、职业化建设。

（三）健全英语教师的教育培训制度

英语教师职业素质的高低与英语教师的教育培训有着密切的关系。国家、省级和高等学校三级英语教师培训体系参差不齐，影响高校英语教师的培育，致使目前部分高校存在"只知用人，不知育人"的不良现象。一般而言，高校英语教师培育包括专业水平、教学水平、创新能力和沟通能力等多方面职业素养的培育。随着我国社会的快速发展，大学生所处的社会环境不断发生变化，导致高校英语教师原有的知识素养和能力不能满足现实的需求，这就需要持续的培育来补足。因此，亟须国家对各高校英语教师的教育培训提出制度要求，规范高校英语教师的培育。英语教师的培训目标、培训内容、培训形式有待进一步完善，还需要进一步规范培育制度。为达到良好的培训目标，首先应该对英语教师进行等级分类，针对不同的等级对其进行系统的培训，可以从入职前、入职时和入职后对英语教师进行不同方面的培养。就内容而言，需要从英语教师的实际发展需求出发，培训的内容主要包括理论知识和实际操作两大方面，使英语教师的知识储备和实践能力均得到提升。而培训形式，应根据培训目标、培训内容的不同而多样化选择。

（四）深化高校英语教师制度改革

一是要以问题为导向。国家有关部门在做顶层设计时需要重心下移、深入基层、了解实际、分层分类调研摸底，就当下高校英语教师职业素养存在的突出问题、风险点出台有效防控措施，对高校英语教师正向职业素养塑造的组织环境因素、文化因素、素质能力因素、培训因素等出台保障，优化相关政策。

二是要坚持巡视手段常态化。对于已颁布的高校英语教师有关制度，要对标进行巡视查验，检查高校的落实、兑现情况，就实际成效、实际问题和困难进行反馈和整改，形成动态管理，切实用制度、政策推进高校英语教师队伍建设，解决高校英语教师职业素养发展问题。

三是要坚持发展的眼光。在高校英语教师制度改革和建设方面，国家视野要环视世界宏宇，不能止步于解决当前的矛盾，要用发展的眼光看待高校英语教师职业素养的健全塑造，同时也要兼顾高校英语教师群体的发展，兼顾"双一流"高校和普通本科高校、高职高专的差异性，要研判和借鉴国外教师队伍的建设发展经验，借鉴发达国家的相关优秀经验结合国情特色制定长远规划的中国特色高校英语教师制度体系。

四是要坚持协同理念。高校英语教师职业素养的发展应融入社会、政治、教育、文化等多个领域，要和时代大局同呼吸、同节奏、同发展，不能单一化或者边缘化、小众化，不能将高校英语教师孤立发展，要将高校英语教师与高校管理者联系挂钩，推进高校英语教师走出教学、走向社会，发挥更大价值，提升高校英语教师职业价值，提升高校英语教师多角色属性的全面发展。

五是要用受教育者反向推荐。教育的真理性需要得到教育者人格的诠释，教育的权威性需要得到教育者人格的支撑。高校英语教师的职业素养展现是言传与身教的统一，需要外在的人格形象、人格魅力及内在人格力量做支撑。高校英语教师素养会对教育主体产生影响，同样具有教育主体身份的大学生也可以反向影响高校英语教师职业素养的塑造。为此，要积极发挥学生在高校英语教师职业素养养成中的作用，实现教学相长。

第二节　学校方面

一、完善体制机制

可靠且有效的体制机制，使得人们在处理事务时更加安全更加有保障。高校英语教师在提升职业素养的过程中需要以完善的体制机制为支撑，加大监督力度，以此为高校英语教师持续提升核心素养清除障碍。

（一）加强物质保障

高校满足英语教师学习与生活的物质保障、鼓励英语教师学习实践，以此激发英语教师将提升个人职业素养的强烈意愿落实到具体行动上。

第一，提高英语教师的社会地位及经济待遇。社会地位较高及经济待遇好是高校英语教师职业具有吸引力、从事英语教学工作具有积极性的前提。因此，高校要在英语教师的社会地位和工资待遇上下功夫。一方面，在工资待遇上，高校要提高英语教师的基本工资水平，将工作绩效、科研成果、课程教学等纳入英语教师工资水平的考核范围内，提高福利性待遇水准。另一方面，在物质奖励上，高校应当对有突出表现的英语教师给予相应的物质褒奖，激发英语教师开展工作、提升核心能力的积极性和创造性。

第二，积极鼓励英语教师投身学习实践，坚持理论与实践相结合。一方面，高校党委和院系领导要鼓励英语教师在处理具体工作时做到学以致用，将基本掌握的核心能力用于实践操作中，并以此来检验自身核心能力的不足，不断优化已基本掌握的工作能力。另一方面，针对提升效果不佳的方面，各级部门领导更要激励英语教师投入培训学习中去，努力为英语教育工作者营造良好的学习氛围，以环境的改善来激发教师自主提升的行动力。在完善物质保障与鼓励学习实践的前提下，高校英语教师不断优化、提升核心能力，确保了自身职业素养的持续提升，推动英语教师队伍的良性发展。

（二）健全培训机制

高校英语教师培训学习机制是涉及多方面、多层次、多因素、多渠道的综合系统。

第一，优化英语教师队伍培训学习的方式。就普通高等学校而言，能够提供给本校英语教师培训学习的方式大多为校内外讲座、线上学习，培训学习的方式单一且不灵活。因此，针对教师的培训机制应凸显科学化、人性化，达到高质量的培养效果。高校以本校英语教师为主体，结合本校办学特色和理念，为英语教师培训学习提供多样化选择，例如开展专家讲座沙龙、到地方挂职锻炼、研学深造、对外交流、师徒带教等形式。这就要求英语教师培训不仅要做到"引进来"，还要"走出去"，以此为英语教师提升自身职业素养开阔视野、更新思维。

第二，优化英语教师培训学习的内容。首先，注重培训内容的针对性和实效性。高校除了按照文件中规定的培训内容进行培训以外，还应重点了解英语教师的内心真实想法、实际工作的挑战，尤其是要帮助教师在解决学生心理问题、教导学生行为、处理学生突发事件上掌握方法和学习经验。同时，高校应当注重校级培训内容与国家级、省级培训内容相衔接、融合，实现英语教师培训内容一体化建设，促使英语教师循序渐进地提升职业素养。其次，邀请的培训主讲人尽可能为高校学生工作领域的专家。这些专家以深厚的理论知识、高超的能力水平及丰富的工作经验，在进行主题宣讲、案例分析，以及政策讲解时更清晰明了，更能使英语教师感同身受，与英语教师之间产生的思想契合度更高、情感共鸣更强烈。在此基础上，英语教师视专家为学习榜样，激发自身提升职业素养的信心与动力，达到培训学习的理想效果。

第三，建立培训跟踪机制，重视培训效果的反馈。高校针对英语教师提升职业素养的培训与学习，不能只注重形式，更要在乎过程和结果。因此，高校要建立培训跟踪机制，及时了解教师对培训的真实想法，系统整理反馈意见，逐步调整接下来的培训方案。这在一定程度上使得培训效果与预期效果达到一致，真正地帮助教师提升自身核心能力。

(三）创新培训方式

第一，健全英语教师职前培训体系。针对英语教师职业素养的提升，高校首先要制订纲要性的指导，应根据自身办学特点建立起系统化的职业能力培训课程体系。目前部分学校虽然都展开相应的培训，但是培训整体比较笼统，缺乏精准化细致化的培训。高校应建立起完善的培训课程体系，有针对思想政治教育理论的培训课程、有针对心理健康辅导的培训课程、有针对学科知识能力的培训课程等等，根据教师职业素养的要求，制订相应的课程。

英语教师是一个教育者、管理者，当前我国提倡自主学习，终身学习，高校应该响应国家的号召，为英语教师创造条件，为其提供学习资料、学习环境、培训机会，以提升英语教师的职业素养，从而更好地发挥其价值。依照职业化规定，英语教师需要接受专业知识的培训，掌握更多的知识，提高自身的能力，通过考核后才有资格上岗，这是对英语教师工作的负责，也是对学校和学生的负责。通过职前培训，了解高校的历史文化、熟知高校的规章制度、掌握英语教师的工作内容、了解英语教师的责任、制订职业发展规划等。通过这一过程使英语教师入职前就能够对学校基本情况有更深入地认知，转变自身的思想理念，转换身份，提高综合职业素养，从而能够更快地接受自身的新身份，尽早融入新环境、担起新责任。

第二，高校要建立起具体化的体系。目前高校对教师的培训大多以统一的讲座培训为主，或是外出访问参观，但是收效甚微，很多教师觉得就是出去"看了一圈"，难以将培训的内容直接转化为工作需要。高校在对英语教师培训时可根据教师的工作年限，职业能力提升中遇到的具体问题开设相应的课程，如大部分英语教师需要提升思想政治教育能力，可开展思想政治教育相关的课程。总之对于英语教师职业素养要落到实处，落到细节，而不是让教师感觉去"应付"了一场讲座。学校应阶段性地收集英语教师在工作中遇到的各种问题，做到"对症下药"，提供高质量的培训课程。

第三，高校要建立起阶段性的在职培训体系。在职培训是指英语教师入职后进行的相关培训，包括日常培训、专项培训和学历提升等内容。在职培训是英语教师职业素养提升不可缺少的环节。目前针对英语教师开展的在职培训在方式与内容上还存在不足。培训机制在这些方面有待进一步加强。在职培训要对英语教师进行等级划分，对不同等级的英语教师进行专项的培训。日常培训指的是针对英语教师日常工作开展的普遍的培训，培训内容应该以实际情况为基准，一般包括思想政治教育、心理教育、学科知识等内容。专项培训指的是针对已经发生的某一问题或社会当下较为流行的问题展开专项的探讨和培训。这一类型的培训时间比较灵活，培训的开展具有针对性，可根据实际情况随时进行开展，效率高、见效快。学历提升培训指的是对学历较高、在校表现较好的英语教师，学校会为其提供相关专业博士学位的攻读的机会。英语教师在职培训，要求高校建立英语教师学习平台，教师可以从中获得更多的专业知识，获得更多的真实案例，不仅能够满足知识层面的需求，还能通过模拟实验进行实践，总结经验，从而增加实践能力。

不同工作年限的英语教师在职业素养提升上面临的问题也各不相同，因此在培训过程中不能采取"一锅端"的形式。对于刚入职的教师先进行基础性培训，尽快让教师学会基础性的教学工作，学习高校对于学生思想政治教育的要求，迅速地进入工作角色中；对于工作1~3年的英语教师，在职业角色转换、职位定位上可能会存在问题，理论深度学习还不够，对于这个阶段的英语教师需要加强理论学习，认清角色定位；对于工作3~7年的英语教师，其工作会出现倦怠期与瓶颈期，要促进英语教师的转型，对于教学科研能力出众的教师可转向科研岗，对于管理能力出众的教师可转向管理岗位，帮助英语教师度过职业瓶颈期；对于工作7年以上的英语教师，大部分已经处于专家阶段，工作能力也非常成熟，对于该阶段的英语教师更应该发挥的是示范、引领作用，对初级阶段的英语教师提供高质量的培训，采用"老带新"的形式，迅速帮助青年教师成长。此外，英语教师的阶段性的培训除了有日常的培训，还有假期的培训，一年当中的培训要循序渐进，制订出阶段性任务，使英语教师在每个阶段的培训都有所收获。

（四）加大监督力度

第一，明确监督主体责任。高校党委是落实立德树人工作的主体，在教师提升职业素养中担主要责任。因此，高校党委要充分发挥监督作用，重点了解学校各职能部门、二级学院落实保障机制是否到位，关心教师提升职业素养的实际情况，突出重点、表彰先进，约谈失职人员，确保高校英语教师在提升职业素养的过程中物质生活、培训学习都得到有效保障。

第二，树立可持续的培养理念，持之以恒贯彻落实。首先，正确认识职业素养的提升是一个长期性的过程。高校英语教师的职业素养是在一点一滴中积累形成的，再加上教师个体的学习能力、吸收能力具有差异性，个体之间的提升难度各有不同，并不是每个人都能在短时间内提升自身职业素养的。只有正确认识到这一点，高校才能将可持续的培养理念一以贯之地落实，才能为提升英语教师职业素养制定长期战略。教师也在一定程度上增强提升自身职业素养的信心，从自身角度循序渐进地改进、弥补自身不足的方面。其次，以可持续培养的理念为指导，持续落实相关政策。高校贯彻落实国家相关政策并不是为了完成任务或为了检查，而应当将国家制定的政策稳扎稳打、持续不断地执行到位，并结合本校实际情况提出适合于本校教师提升职业素养的相关措施。只有这样，教师才能真切地感受到被重视并将提升职业素养的意愿落到实践上，进而在培养有为青年的路途中实现自身职业化、专业化乃至于专家化的发展。

（五）完善管理制度

为提升英语教师教学管理工作的效率，展现英语教师健康职业素养的重要价值，高校应从管理和培养两个角度出发，为英语教师树立健康的职业素养意识提供保障，确保英语教师可以树立坚强的职业意志，并在坚强意志的引领下开展工作。

第一，高校应在政府相关政策及社会有关要求的指引下，细化英语教师的工作职责，出台相关制度，为英语教师开展工作提供政策依据和制度依据，确保各项工作的顺利开展。通过制度明确英语教师工作内容、创新工作形式，不仅能够增强英语教师对自身职业的认同感，也能帮助英语教师厘清工作思路和主次，从而能够留出时间和空间来提升自身的能力和素质，更好地帮助其树立和坚定职业意志。

第二，高校应建立完善科学的英语教师工作考核制度，结合激励机制，在增强英语教师工作认同感的同时，强化英语教师的职业意志，并提升其工作效率。具体而言，高校应充分考虑英语教师的工作实际，从考核主体、考核内容及考核方式等角度确保考核制度的有效和可行，考核应既能全面真实地反映英语教师日常教学管理工作的效果及存在问题，又能为后续调整提供依据，还能帮助英语教师依据考核结果充分认识自己的工作，明确自身的职业素养。

二、构建学习共同体

环境影响人、改变人。营造一个良好的学习环境，在一定程度上会促使主体积极地投入学习实践中。所以，构建英语教师学习共同体，能有效激发英语教师学习意识，促使英语教师之间相互吸引、相互帮助、相互成就，逐步实现英语教师职业素养的全面提升。

（一）增强共同体吸引力

目标一致性是学习共同体的本质特征。英语教师学习共同体的建立以英语教师职业素养全面提升为目标，以团队的凝聚力与向心力增强英语教师的归属感、认同感，使得英语教师个体感受到团体的温暖与力量，推动英语教师实现共同目标，增强英语教师学习共同体的吸引力。

第一，以立德树人为价值导向，把核心能力的全面提升作为共同目标。勒庞在《乌合之众》中论述到，当群体中的成员聚集在一起时，"所有人的感情和思想将会统一"[1]。那么，英语教师学习共同体的构建要始终把立德树人摆在重要位置，以职业素养提升为共同努力的方向，以整体的合力唤醒个体的学习动能，推进英语教师不断努力学习、促进提升。

第二，掌握矛盾分析法，实现职业素养的全面提升。基于高校英语教师职业素养提升效果参差不齐的实际情况，英语教师学习共同体则要以马克思主义的矛盾分析法为指导，促进英语教师职业素养的全面提升。一方面，要学会"抓重点"，即在学习中着重强调尚未基本掌握的素养；另一方面，要学会"两手抓"，既要努力提升效果不佳的方面，又要改善、优化提升效果较好的方面。只有坚持"重点论"与"两点论"的统一，才能实现教师职业素养全面提升的共同目标。

第三，营造良好的学习氛围，增强学习共同体吸引力。英语教师学习共同体围绕职业素养全面提升这一共同目标，养成良好的学习风气，并在实际工作中进行探索与研究。在共同营造的学习氛围下，英语教师以真实的学习与工作实际逐渐感受到英语教师职业带来的成就感，并在此过程中不断增强对英语教师职业的认同感。同时，以英语教师学习共同体强大的学习红利，吸引共同体以外的教师融入进来，促进英语教师群体共同努力全面提升职业素养，实现高校英语教师共同进步、协同发展。

（二）实现学习资源共享

第一，努力打造英语教师工作室，发挥线下学习平台优势。首先，高校协助优秀英语教师打造工作室，以工作室为核心辐射其他教师，帮助他们提升欠缺的素养。例如，工作室定期组织工作心得分享会、典型案例学习会及集体讨论会等，透过案例分析、理论学习帮助英语教师提升理论学习与研究能力、心理健康教育能力，以及教学突发情况应对能力等。同时，分享身边人的工作事迹与心得，以优秀英语教师为榜样，感染、激励教师主动提升自身职业素养。其次，高校以英

---

[1] 勒庞. 乌合之众[M]. 张波，杨忠谷，译. 武汉：华中科技大学出版社，2015.

语教师工作室的建立，在全校范围逐渐形成"点—线—面"的学习趋势，促使全校英语教师共同提升职业素养，缩小教师个体之间的能力差异，实现英语教师队伍的协同发展。

第二，积极利用新媒体手段，促进线上资源共享。随着互联网的迅速发展，学习媒介也越来越多样化。首先，英语教师学习共同体要充分利用新媒体手段加强学习、互相监督，例如团队成员之间推送微信公众号、微博客户端，建立QQ群、微信群等分享英语教师的相关知识、工作案例，以及实施网上学习打卡等，既实现线上资源共享，又促进相互学习与监督。其次，高校为英语教师学习共同体使用数据资源库腾出时间、创造条件，方便他们在第一时间内能够分门别类搜寻到工作和研究所需的学习资料。

（三）营造良好校园文化

校园文化是指学校所具有的特定的精神环境和文化气氛，主要包括学校的传统、校风、学风、人际关系、集体舆论、心理氛围等。校园环境的好坏对大学生成长成才有潜移默化地影响，对教师的发展也一样。尊师重教的校园文化环境，能够使高校的文化环境更加的积极向上，处于这种环境中的学生和教师能够在潜移默化间提高自身的思想道德素养。英语教师思想道德修养的提高，有利于教师更爱业、敬业、勤业，直接促进职业认识、职业道德等职业素养的提升；学生思想道德素养的提升，也有利于英语教师工作的有效开展，促进了英语教师职业愿景的确立。

第一，高校应为教师交流搭建新平台。不仅要通过传统方式如座谈会、工作报告会、经验交流会等形式保障教师间的基本交流，还要注重传统媒体与新媒体的对接融合，充分利用微博、微信、抖音等媒介，为教师搭建一个多元化的交流平台，英语教师可以通过多平台进行经验交流、理论学习、实践探索，加深职业理想、职业信仰和职业精神内涵的理解，实现英语教师间实时互动、有效反馈，提升其自我发展和自我完善的效果，更为英语教师职业素养的提升创造积极、开放、合作的校园文化环境。

第二，积极开展尊师重教的主题活动。高校可以通过开展多种多样的尊师重教主题活动，营造良好的校园文化氛围。例如，在教师节到来之际，学校可以组织学生以写信、绘画等形式感谢教师的教育之恩。学校还应组织开展教师和学生共同参与知识竞赛、体育竞技比赛等活动。这种师生共同参与的活动密切了学生与教师之间的联系，增强两者之间的沟通，在活动中让学生充分感受到英语教师的个人魅力与深厚的文化素养，有利于建立相互信任、相互尊重、相互理解、相互支持的师生关系。英语教师也通过这种言传身教的方式，培养学生成长成才。同时也提高了英语教师的组织能力、协调能力、知识储备等多方面的职业素养。

（四）建立有效朋辈支持

第一，英语教师队伍内部互助。英语教师同行之间通过建立对等的角色期待，能够发挥出团队的凝聚力、战斗力及创造力，也可以在一定程度上缓解英语教师职业素养养成过程中的负面问题。

一是建构英语教师之间的沟通交流机制。学校可以通过定期组织召开英语教师座谈会、经验分享会、职业发展反馈会等形式，聚焦职业倦怠、职业困惑，以及科研能力提升等方面展开有效的沟通交流。通过畅所欲言的交谈、同事之间的"发发牢骚"，在一定程度上缓解英语教师职业压力，收获同事们的精神鼓励与行动支持；通过有经验的前辈介绍工作经验、传授科研提升技巧等方式，不断提升职业素养。二是积极加强英语教师团队建设。英语教师工作并不是独立的个体工作，而是一群充满斗志并肩作战的中坚力量，所以在围绕模块工作、教学任务、科研能力提升等方面组建英语教师团队，可以营造"比学赶帮超"的浓厚学习氛围。三是营造英语教师良好的工作氛围。英语教师拥有良好的工作氛围是其安心工作的基本要求。一方面，是需要提供良好的办公场所，提升英语教师的工作效率，增强英语教师的满意度；另一方面，是努力协调同事之间的人事关系，打造英语教师"家"文化，彼此能够相互帮助相互补台，让英语教师拥有一个和谐的人际关系环境。

第二，英语教师与辅导员的协同互助。高校辅导员是高校教师队伍和管理队伍的重要组成部分，在教书育人过程中辅导员同英语教师相比既有优势又有明显的不足。一方面，辅导员同英语教师相比，在大学生日常管理、处置突发紧急事件等方面具有明显的优势；另一方面，辅导员同英语教师相比，在教学技能、知识素养、科研水平方面处于劣势，迫切需要英语教师的指导与帮助。

一是形成长期激励机制。设置专项培训、专项课题、专项经费等，引导鼓励两支队伍高效协同合作，提升协同育人工作实效。二是拓宽学习协同渠道。建构多方教师合作交流平台，是全面协同育人有成效的可靠保证。如日常交流平台，定期召开协同育人联席会、"课程思政"研讨会、工作难点问题反馈会等，畅通两支队伍交流渠道。三是开展队伍并轨交流。高校应推进两支队伍并轨交流的深度，除了英语教师师担任班主任、学生党支部指导老师、兼职辅导员外，进一步落实导师制，引导更多英语教师融入育人全过程中。辅导员则实行助课制，积极和广大教师一起完成目标教学任务。

第三节　教师方面

一、发挥自身主观能动性

高校英语教师应发挥自身的主观能动性，自觉深入了解自身职业心理发展，意识到主观能动性对个人工作的重要影响，在应对繁重的教学工作的同时时刻关照自己的心理，主动学习心理学相关知识，自主开展心理调适，使自己在工作中始终能够保持强大的内心，在正确认知英语教师工作需求和特征的基础上认同英语教师工作，全面提升自身职业素养，摆脱因认知错误而引发的职业压力和职业不适感。

（一）确立正确的职业意识

自我意识即自我认知，人的行为要受到自我意识的约束。因此，提高英语教师职业素养，必须从自我职业意识这个内因着手，加强英语教师自我职业意识培养，进而增强自我职业素养提高的主观能动性。

第一，正确的角色定位。每个人在社会生活中都扮演着不同的角色，正确的角色"定位"和"认同"，是尽快融入和适应角色，履行职责的前提。目前，高校英语教师职业素养不高与其角色定位与实际工作不符有关。高校英语教师必须明确教学和育人的双"角色"。一方面，切实完成大学生的学科教学的首要任务，坚持把学科知识作为工作的中心环节，做好大学生的学科知识教育。另一方面，要履行立德树人的任务，加强自身综合素养的培养，以高尚的情操引领大学生价值观。

第二，提高自我调控能力。社会发展的日新月异，教育对象的思想也在时刻发生变化，英语教师更应适应新环境、新发展的要求，不断地实现自我提升、自我净化，以较好的自我修养和自我调控能力来达到更好的育人效果。就当下的情况而言，高校英语教师团队成员年龄整体呈现年轻化，年轻的高校英语教师要有三方面自我调控意识：其一，要尊重这一职业，明确自身的价值所在，由衷的对自己的工作产生认同感，不断加强爱岗敬业精神和细致的工作作风的养成，激发工作热情，端正工作态度，在遇到问题时能勇敢地面对，想办法解决。其二，要积极营造良好的人际关系网。良好的人际关系有利于自身职业的健康发展，只有英语教师与学生之间营造出和谐的人际关系，热爱和欣赏自己的学生，对其产生认同感，真正成为学生"健康生活的知心朋友"，以自身的真心换得每位同学的喜爱，其工作才能更加主动，工作热情更高，教育成果才更加显著。其三，英语教师还应该有较强的自控能力，面对复杂多变的工作，特别是无法预测和控制的问题，要能控制自己的情绪，调整自身的心态，及时地、有效地帮助学生解决问题。

（二）加强总结反思与创新

第一，加强总结反思，优化发展思路。事物的发展是前进性与曲折性的统一，英语教师职业素养提升也不是一步到位的。职业素养提升是一个动态的过程，是发展性和前进性的统一。在职业素养提升的过程中英语教师要树立起"主人翁"意识，认识到自身的发展的主体，坚定职业素养培养的动力，增强自我发展自我认识的主动性，树立起终身学习的理念。

首先，英语教师要根据自身实际情况，制订职业规划。很多英语教师对自身职业规划并不明确。理念是行动的先导，没有清楚的职业和规划，在工作中就显得"无所事事"，英语教师要根据职业素养的要求，结合自身的情况制订阶段性目标，包括月目标、学期目标、年度目标，实现职业的可持续性发展。其次，英语教师要根据目标，及时给予反馈。很多英语教师在完成工作时候就认为工作已经完全结束，事实上，经验的积累就来源于日常的琐事，英语教师要树立起"吾日三省吾身"的观念，在日常的工作中不断反思，不仅是反思工作不足的地方，也要对在工作中出彩的地方积累经验。最后，英语教师要根据自身情况建立起个人职业成长档案，总结每个阶段的工作遇到的问题，反思不足、总结经验、补齐短板、积淀实力，实现职业动态化、可持续发展。

第二，深入理论学习，创新工作方式。立德树人是英语教师最基本的工作，也是英语教师迫切需要提升的能力。在千差万别的学生群体、千变万化的教育情境、错综复杂的教育问题中，英语教师要具备坚实的理论基础。英语教师并不是马克思主义理论、教育学、心理学等专业出身，思政理论基础较为薄弱，在工作中遇到很多问题会感到措手不及，英语教师应展开系统有效的理论学习，在教育与科研方面不断探索。同时，英语教师在学习过程中要创新工作方式，将思想政治教育与学科教学结合起来，新时代的高校英语教师可充分借助"学习强国"平台提升职业素养。英语教师要借助平台资源，坚持立德树人的理念，有效整合资源，提升自身的理论水平，发挥英语教学中的思想政治教育作用，提升思想政治教育话语权，提升自身的理论水平。

（三）激励自主发展

教师自主发展是教师追求自我发展最优质且有效的方式，是教师继续教育的内在动力。通过自主发展，教师能够不断主动审视在各阶段、各方面的教学，反思自己的观念与选择及其中所蕴含和传递出的问题，从而提升自身的素养。作为新教育公平观的践行者，英语教师需要不断涵养自身的素养。

第一，寻求发展的内驱力。对于教师而言，教师素养提升的动力只能源于教师自身，首先要有对于专业发展的理想，有帮助学生消除不平等的渴望，才会具备认真的态度、自觉的意识及持久的坚持。所以，教师必须从被动发展转向自主发展，寻求发展的内驱力，才能使大脑中的思想、观念具身性地结合起来，推进继续教育，最终将自身发展与教育理想的实现、教育幸福感的获得结合起来。

第二，精准定位自己。教师作为自主发展的主体，在发展方向上就不可能都处于趋同的方向。同时，教师作为教育公平观践行的主体，也更加了解围绕新教育公平观自身可提升的程度。教师应该清楚地利用自身的教育经历、个人特征、教学特色等方面，为自身设置自由的发展方向而非标准化的方式，最终教师才能够真正地着力于推进素养的提升，而不是泛泛而谈。

第三，注重反身性思考。就教师发展而言，如果仅仅将教学简单化地理解为经验的传承敷衍了事，那么作为育人者的这种完满性就会被逐渐消解，因此教师理应学会开展反身性思考。既然是自主发展，意味着教师是自己专业发展的主人，也是引领自身继续教育的决定者。教师应该清晰地认识到自身的现实基础、未来的方向及自身的可能性，及时反思在教学中是否做到了公正。教师只有化被动为主动，才能够拥抱教育职业本身，引领和服务学生成长。仅仅依靠提高教师的教学专业能力，或许能实现学生知识的增长和能力的提升，但却未必能让学生感受到教育的公正和美好。为此，教师在加强教学能力提升的同时，需要不断注重自己的教师品德，培植对教育事业的热爱和对学生成长的关爱，让教育充满人性、公正的意蕴。

二、加强自身修养

（一）涵养自身品德

在教师教学过程中，教师的绩效评价体系使得教师固化于任务的达成。因此教师难以去反思自身的道德行为，教师的道德感不断削弱，也在这种结果导向的浪潮中失去对品德的思考。教师作为知识分子，不仅仅需要功能性地认识到自身"传道授业解惑"的职责，更需要清醒地意识到自己是影响学生成为一个完满的人的精神群体，因此教师必须不断涵养自身的品德，不忘教师教育的初心，才能够孕育学生的公平、公正、善良和勇敢。

第一，坚守内心的品德。教师要自觉修炼自身的道德品格，坚守为师的信念，不被功名利禄主导自己的教学生涯，不在功利的路途中缺失教育的本真，永葆自己的道德良心。教师可以将日常学习范围扩展到传统文化美德之中，借助儒家的道德品德，以此不断地躬身自省。

第二，提升自身的公共理性水平。就教师教育而言，理应更多地渗入公共理性的内容。教师应当能够对知识分子的身份有所认同，对自身职业有更深刻地把握，而非做一个"持稳定编制"的"工具人"。了解自身的公共责任，明确自身公共理性的养成对于学生品德培育的深远意义。

（二）树立终身学习理念

第一，坚持加强学习自身专业知识，用最新科研成果武装头脑。高校英语教师必须用先进的知识来做好大学生的学科教学工作。因此，高校英语教师自己必须对专业知识往深里学，往心里走，真学真信，才能自觉运用最新的教学研究成果进行实际教学。因此，加强对最新学科知识的学习，是对高校英语教师最基本的要求，也是英语教师要树立的学习理念。

第二，学习思想政治教育工作相关学科知识，做好"宽口径知识储备"。新时代赋予高校英语教师新的使命，对其职业素养提出了更高的要求，比如要具有较高的政治理论水平和职业道德，较强的业务工作能力和科学文化素养等，这些都需要通过刻苦学习才能了解和掌握。要求英语教师在学习掌握本学科基础知识、努力向专家水平靠拢的同时，也要成为"多面手"的通才。成为"多面手"的通才，需要不断学习教育学、心理学、管理学等与学生工作相关的知识，还要增强其他方面的知识储备，掌握计算机、网络等新科技。

教师只有不断加强学习，才能不断地提高自身的理论和业务水平；只有通过学习，才能不断地对自身的知识进行不断地更新，增强工作能力，方可以用最正确、最科学有效的方式处理学生的问题及自身工作中遇到的困难；只有坚持学习，自主学习，当发展机遇出现时才能及时抓住，从而展示出自身的才能，适应时代发展带给英语教师工作的新挑战。

（三）勇于实践不断创新

高校英语教师是理论性和实践性很强的工作，必须要理论与实践并重，不断创新。

第一，增强实践的主动性。英语教师工作较为复杂，要求英语教师要在实践中不断地总结工作的得失，以便更加高效开展工作。要求英语教师要去主动了解学生的思想动态，深入课堂、宿舍，参与学生的生活，走近大学生，走进学生的内心。近距离与同学们沟通，去掌握他们的实际情况和个性特征，掌握大学生成长成才的科学规律。再依据这些规律和实际情况，运用科学的理论知识、灵活的方法在实践中开展思想、学习、生活的教育。要在实践中，了解学生的需求，要在学习、生活中多给予学生爱护与关心，真正的从学生身心健康角度、人际交往角度，为学生分忧解难，使学生茁壮成长。

第二，要增强勇于创新的主动性。创新是推动国家兴旺发达的不竭动力，是中华民族不断进步的灵魂。实践证明高校英语教师的职业素养在不断创新中会提升速度更快。目前，高校英语教师工作创新性还较弱，主要表现是对大学生的英语教学工作中不能紧跟时代发展要求，不能及时更新思想观念，方法落后、单一，达不到理想工作预期。因此，需要最大限度地激发自身的创造力，在工作中充分发扬中华民族伟大的创新精神，善于打破常规，积极参与各种实践项目，持续工作的主动性与创造性。

三、端正教师职业认识

（一）牢记立德树人

英语教师要紧扣立德树人根本任务，全面认识英语教师职业。立德树人理念是对中华民族优秀传统文化精髓的理论自觉，是我们党对教育事业长期发展实践经验的深刻总结，彰显了马克思主义教育思想的时代内涵。新时代，办好党和人民满意的教育，就要将立德树人作为重要参考标准，坚持将立德树人贯穿于育人的各个环节、各个方面。高校英语教学必然要与立德树人紧密联系起来，在贯彻落实立德树人工作的过程中全面科学地进行育人活动。

首先，准确定位英语教师角色。英语教师要认真领会相关政策文件，正确认识教师角色，以实际行动投入英语教学工作中，并从其中逐渐感受到英语教师职业的价值与意义，克服倦怠的心理状态，努力争做大学生的人生导师与知心朋友。其次，明晰立德树人的目标。新时代，党的教育方针直指立德树人，高校与教师应当将工作重点放在立德树人上。英语教师在学生工作中扮演着众多角色，要处理的事务也很多，但必须认识到其工作职责的核心是"立德树人"，在育人过程中纠正自身对职业的错误认知，发现自身核心能力的不足，努力提升欠缺的立德树人核心能力，从而推进立德树人根本任务的实现。

（二）树立整体意识

英语教师要树立整体意识，科学把握立德树人的中心任务。高校英语教师立德树人能力的基本内容较多，且能力的提升难易交织。如果要实现职业素养的全面提升，高校英语教师就得深刻理解和认同每一方面的能力。因此，高校英语教师要树立整体意识，科学把握立德树人的中心任务，从而实现立德树人能力的全面提升，从容应对育人过程中的任何困难与挑战。

首先，在全面认识高校英语教师职业的基础上，教师应当认识到每一方面的素养对于提升英语教师教学能力、解决育人难题都发挥着重要作用。只有科学认识每一方面的素养，高校英语教师才能本着有则改之、无则加勉的态度，从整体上改观对立德树人任务的片面认识，在职业素养提升过程中做到面面俱到。其次，高校英语教师要感受到每一方面的素养对育人工作具有重要意义，由此提高全面提升立德树人任务的主动性与积极性。

其次，加强思想引领，坚定英语教师职业初心。只有弄清楚自己教育初心，才可指引自身职业发展前进的方向。高校英语教师应当始终坚守初心、热忱不减，以赤子之心让教学工作显得有温度、有高度、有厚度，由此提高自身的职业归属感，激发自主提升职业素养的意识。

英语教师要深化思想教育，牢记育人使命。一是高校英语教师要通过理想信念教育、"两学一做"学习教育、"不忘初心、牢记使命"主题教育等认识到自身处于学生工作的最前线，是学生成长成才的指导者，需要不忘培育人、塑造人的初心，牢记立德树人的使命。二是高校英语教师要从本校优秀教师育人的感人事迹、宝贵经验分享中，唤醒自己的教育初心，激励自己扛起育人使命。只有这样，才能让自己由内而外地感受到职业的神圣与伟大，才能引导自己在情感上形成对职业的认同与接纳，才能让自己不断夯实现有的能力，锲而不舍地去提升欠缺的能力。

四、增强职业规划能力

英语教师个人职业生涯规划的主体是其本人。英语教师职业生涯规划是职业生涯发展的前提，英语教师只有在自我评估的基础上，才能准确把握职业定位、岗位职责、职业所需能力、职业发展现状、职业发展环境等内容，根据自身的职业兴趣、性格特点、专业知识技能等因素，来明确自我职业发展的倾向性，从而确立符合自身职业生涯发展需要的职业目标，职业规划的过程是一个评估自我、明晰职业目标的过程，这既是一种有效的职业诊断也是一种合理的职业预测。

第一，自我评估是职业规划的前提。英语教师要主动参与自己的职业生涯规划，认真、严谨的制订个人职业生涯规划的行为，是英语教师良好职业态度的体现。在制订职业发展目标前，教师要认真分析个人性格、志趣、专业知识、个人能力、职业愿景等，评估个人职业优势与劣势。同时，教师要重视外部形势的分析，在深入分析政府政策、社会反响和高校组织环境的基础上，明确国家对英语教师职业的新要求，并对英语教师职业环境创设条件进行了解，从而对职业机会进行分析，从短期目标到长期目标进行合理推测，确定自身和英语教师职业要求的匹配度，明确自身最擅长、有志投身的职业发展领域，确定职业发展方向和目标。

第二，明确阶段任务是规划制定的基础。高校英语教师职业生涯发展过程具有周期规律性，也是一个累积、连续、动态发展的过程。这就决定了英语教师职业生涯发展的每一阶段，都有着较为明显的阶段特征。在英语教师职业生涯规划的过程中，只有结合每一个阶段的特征和问题，明确不同阶段的发展目标和任务，将自身所处的职业发展阶段与规划目标紧密结合，才能够保证各阶段发展目标与自身实际、外部环境的匹配。针对英语教师职业生涯发展的周期规律性，英语教师要对照自身所处的不同职业发展阶段，分解职业目标，确定短期目标、中期目标和长期目标，这种分解目标的方式，对于教师跟踪检查职业规划的完成情况更加有效。同时，英语教师要根据职业环境的变化，适度调整短期行动计划，并调整实现计划完成的任务和措施。总的来看，英语教师在入职适应期的主要任务是工作适应和技能提升问题，在能力成长期的主要任务是岗位胜任和职业发展问题，职业倦怠期的主要任务是突破职业高原状态问题，稳定维持阶段的主要任务是工作变革和促进他人成长问题。因此英语教师要明确各阶段任务，制订与发展阶段相符的规划任务，才能有效推进自身职业生涯发展各阶段目标的实现。

第三，制订规划并实施是规划实现的关键。为实现长远的职业发展目标，英语教师按照职业发展不同阶段明确各阶段任务，将目标进行分解，制订出短期、中长期职业发展规划与行动指南。在英语教师职业发展过程中，遵照职业发展规划，不断完善提升自己，学习新知识掌握新技能，为下一步职业发展作准备，这个过程就是职业规划实施的过程。有了规划如果不实施就是一纸空文，因此规划的有效性主要体现在实施过程中，这个过程也是对规划不断修正的过程，是理论与实践相结合的过程。组织实施的过程是英语教师发现自身职业兴趣、挖掘职业发展潜力的过程，也是教师职业发展规划的修正循环过程，从而确定教师职业发展最终方向。

第四，评估与反馈是规划优化的手段。英语教师在践行职业生涯规划的过程中，个人职业生涯发展情况将与职业规划有一个相互印证和修正的过程。英语教师在规划实施的过程中，要结合外部环境的变化，自身能力的提升，实践经验的积累，要对规划目标进行自我分析和评价，形成自我反馈习惯，不断修正、完善职业生涯规划，从而保证教师职业生涯规划的有效性，才能够达到实现职业发展目标的成效。这一反馈过程，是在英语教师实践运行一段时间后，通过总结经验、认真反思后实现的过程。

五、强化理想信念

高校英语教师是党的工作者、是党的宣传员，也是开展大学生思想政治教育的骨干力量。培育健全、健康的高校英语教师职业素养就要结合高校英语教师职业要求、职业目标、职业属性，加强自身的理想信念学习，不忘初心牢记使命，去"官僚主义、官本位思想"。

第一，提高自身的党性修养。通过学习党史、新中国史、改革开放史、社会主义发展史全面了解党的历史、目标、使命和责任，总结和汲取历史的经验和教训，明确高校教育的初心与使命；要常态化、持续化、终身化地加强马克思主义理论学习，增强看家本领，提高政治站位，坚定政治方向，确保不脱离群众、不脱离学生。

第二，从中华优秀传统文化和红色文化中提取精神营养，培养符合中国特色的高校英语教师职业素养。

首先，在日常生活中注重传承和弘扬中华优秀传统美德。弘扬中华优秀传统美德是增强高校英语教师人格美、心灵美，强化正确职业意志、职业价值观、职业良心、职业理想的内在需要。加强对中华优秀传统美德的学习，将中华优秀传统美德中的爱国、自强、诚信、知耻、改过、厚仁、敦亲、好学、务实、奉公、求新等内容融入自己的工作中，在实践中实现对中华优秀传统美德的自觉弘扬，体现在自身的日常言行中。

其次，要注重传承红色基因和弘扬革命精神。红色文化资源是党和国家的宝贵精神财富，红色基因和革命精神蕴含着深厚的爱国、奋斗、不屈不挠、不怕苦不怕累、奉献等理念，加强红色革命精神的学习，对于坚定职业理想、树立正确的职业价值观、强化职业意志大有裨益。高校英语教师要明确自己肩负的职责使命的本质，要深刻理解国家、民族的发展和未来，明白中国共产党是历史上最先进的革命者，是改造社会、改造世界的现代担当者和推动者。共产党员是在不断地斗争中去改造世界、改造社会，同时改造自己的。为此，高校英语教师要在工作、生活中传承和弘扬红色革命精神，提升自我党性修养，要与困难问题、艰苦条件做斗争。要发挥自身文化传承者的身份作用，唤醒自身的高尚情操和政治品格。

参考文献

[1] 郭敏.技巧与方法：英语教师专业培养研究[J].民族高等教育研究，2021，9（5）：80-83；92.

[2] 韩羽.大学英语教师学术写作现状及发展研究[J].中国多媒体与网络教学学报（上旬刊),2021（09）：164-167.

[3] 姜海霞,沈红伟.大学英语教师课程思政能力提升研究[J].英语广场,2021（25）：88-90.

[4] 李建勇.互动教学模式在高校英语教学中的运用[J].校园英语,2021（34）：12-13.

[5] 陈倩.高校英语教学中的微课模式应用研究[J].山西青年,2021（16）：98—99.

[6] 姜晓丽.高校英语听力教学中融入思政教育的路径探究[J].文化创新比较研究，2021，5（24）：148-151.

[7] 高朝阳.应用型高校英语混合式教学效果分析[J].山西财经大学学报,2021，43（S2）：175-178；195.

[8] 沈凌波.OBE理念下高校英语混合式教学模式探索[J].辽宁经济职业技术学院.辽宁经济管理干部学院学报,2021（04）：107-109；112.

[9] 刘义珍.新时代地方高校大学英语教学中跨文化交际能力的培养研究[J].湖北开放职业学院学报,2021,34（15）：185-186；191.

[10] 郝东清.简析高校英语专业写作教学中渗透思想政治教育[J].海外英语，2021（15）：53-54；69.

[11] 刘海燕.跨文化交际在高校英语教学中的渗透研究[J].海外英语,2021（15）：66-67.

[12] 龚铄.基于就业导向的高校英语教学改革趋向探讨[J].海外英语,2021（15）：108-109.

[13] 李然.教育现代化时代背景下的高校英语专业教学与思政建设的探讨[J].现代英语,2021（16）：20-22.

[14] 靳爱心.试论大学英语课程思政教师素养提升策略[J].现代英语,2021（16）：

112-114.

[15] 乔晋芳. 关于高校英语专业学生实践能力培养模式分析 [J]. 现代英语, 2021 (16): 118-120.

[16] 曾铮. "课程思政"理念在高校英语教学融合过程中的教学改革探索 [J]. 现代职业教育, 2021 (33): 216-217.

[17] 张丽君. 课程思政背景下高校英语翻译教学改革实践研究 [J]. 现代职业教育, 2021 (33): 8-9.

[18] 程前光, 赵松, 关晶晶. 新课程体系下大学英语教师专业发展研究 [J]. 大学, 2021 (30): 142-144.

[19] 陈晓兰, 曾溅. 高职英语教师跨文化认知与教学现状及优化策略 [J]. 司法警官职业教育研究, 2021, 2 (2): 79-83.

[20] 张梦羽. 刍议年轻教师的职业素养 [J]. 新课程研究, 2021 (7): 40-41.

[21] 章飞, 赵倩, 魏洁. 教师专业素养发展敏感期的调查与启示 [J]. 江苏第二师范学院学报, 2021, 37 (1): 1-7; 124.

[22] 杨春林. 创新创业背景下应用型本科院校教师职业素养培育 [J]. 中国成人教育, 2021 (2): 72-75.

[23] 王后雄, 李猛. 卓越教师核心素养的内涵、构成要素及发展路径 [J]. 教育科学, 2020, 36 (6): 40-46.

[24] 刘俊涛, 刘晓苑. 高校思政课教师职业自信论析 [J]. 中学政治教学参考, 2020 (41): 90-92.

[25] 李海龙. 高校教师职业素养的内涵与养成 [J]. 吉林化工学院学报, 2020, 37 (12): 49-53.

[26] 李洁, 李维龙. 信息化背景下高职教师职业能力提升策略 [J]. 岳阳职业技术学院学报, 2020, 35 (6): 18-21.

[27] 魏莉莉. 培养教师学习力 提升专业素养 [J]. 文理导航 (中旬), 2020 (11): 80-81.

[28] 杨春娇. 英语语言文学教学方法探析 [J]. 知识文库, 2020 (18): 20-21.

[29] 许蓉. 不断提升高校思政课教师职业素养和水平 [J]. 山东干部函授大学学报 (理论学习), 2020 (9): 59-62.

[30] 王德红. 提高高职院校英语教师素养途径探析 [J]. 知识文库, 2018 (15): 60; 36.